Le cheval révélé

DU MÊME AUTEUR

chez le même éditeur

La fête zoologique

Le chat révélé
(Prix littéraire 30 Millions d'amis)

Le chien révélé
(Prix littéraire 30 Millions d'amis)

Parlons chat

Aux Éditions Grasset

Le singe nu
Le zoo humain
La magie du corps

DESMOND MORRIS

Le cheval révélé

Traduit de l'anglais par
EDITH OCHS

CALMANN-LÉVY

Titre original de l'ouvrage
HORSEWATCHING

ISBN 2-7021-1769-4

Imprimé en France

Introduction

Si le chien est le meilleur ami de l'homme, le cheval pourrait être considéré comme son meilleur esclave. Pendant des millénaires, les chevaux ont été attelés, montés, éperonnés, cravachés. On les a conduits sans pitié au milieu de champs de bataille sanglants, où ils ont été taillés en pièces. Pendant des siècles, on leur a fait tirer de lourds chargements au service des ambitions humaines, avant de les envoyer, pour toute récompense, à l'équarrissage. Or, s'ils ont été exploités sans vergogne, c'est en raison d'un empressement étonnant à collaborer avec leurs compagnons humains et à se plier à leurs quatre volontés. Ce tempérament qui, si souvent, a signé leur perte provient de la vie sociale qu'ils mènent en liberté. Par nature, les chevaux sont des animaux grégaires, qui vivent en petits groupes, où l'entraide est une réalité aussi forte que la rivalité et où l'affection réciproque est si profonde qu'elle peut facilement se transformer en un lien entre le cheval et l'homme. Malheureusement pour le cheval, dans ce rapport, c'est toujours l'homme qui finit par avoir le dessus, au sens propre comme au figuré. Le cheval a payé cher son bon caractère.

Le revers de la médaille, c'est que l'homme éprouve des sentiments d'amour et de respect à l'égard du cheval, aujourd'hui plus que jamais. Pour un cas de brutalité, il y a dix exemples de dévouement de l'homme aux chevaux, avec de longues heures d'abnégation consacrées à les soigner et à les protéger. A chaque obsédé de la cravache répond une armée d'amoureux passionnés, prêts à se lever à l'aube et à supporter toutes sortes d'épreuves pour donner à leur compagnon une vie aussi agréable que possible. Aucun animal n'est plus admiré ou tenu en plus haute estime que lui.

Pourquoi le cheval éveille-t-il des sentiments aussi extrêmes? S'agit-il de l'apparence du cheval ou de son comportement, de sa grâce athlétique ou de sa personnalité? C'est le naturaliste Edward Topsel qui a apporté la réponse à cette question il y a quatre cents ans : cet animal possède, d'après lui, « un corps étonnant et un esprit noble, dont le principal aspect est une inclination aimante et dévouée au service de l'homme, auquel il n'a jamais failli dans la paix comme dans la guerre... C'est pourquoi... force nous est de le considérer comme la créature la plus noble et la plus nécessaire d'entre les quadrupèdes ». L'essentiel de son attrait se résume en effet en ces mots : « noble et nécessaire ». Ce qui le rend irrésistible, c'est précisément la noblesse de son maintien associée à sa soumission d'esclave. S'il était noble mais indomptable, comme la girafe, nous serions émerveillés par sa beauté, sans nous passionner pour elle. S'il était utile et disgracieux, comme le porc ou la vache, nous lui serions reconnaissants de ses services, sans pour autant, peut-être, composer des poèmes ou des chansons sur son esprit. Or, justement, le secret de son attrait est que le cheval trime pour nous sans rabattre de sa noblesse. Il est notre humble serviteur tout en se comportant comme un aristocrate. Et ce mélange nous enchante. Si une bête aussi digne se soumet à notre volonté, c'est sans doute que nous sommes les maîtres du monde.

C'est ainsi que, dès le début de la domestication des équidés, l'homme a succombé au charme du cheval. Et, dès le début, une caractéristique en particulier a eu un attrait puissant sur lui : les jambes rapides de l'animal. Elles avaient une double importance. Mises au service de l'humanité, elles ont donné un élan fantastique à l'expansion humaine. Pour la première fois, nos ancêtres pouvaient se déplacer rapidement d'un endroit à l'autre. Jusque-là, le bétail était constitué de bêtes de somme, de trait, sans compter celles qui tiraient la charrue. A présent, celles-ci pouvaient être réservées à des tâches plus lentes, plus grossières, tandis que les longs parcours à faire plus rapidement étaient confiés au cheval. L'homme devint infiniment plus mobile. La civilisation pouvait gagner du terrain, des voies commerciales pouvaient s'ouvrir là où elles étaient impossibles auparavant. Des échanges culturels pouvaient se multiplier et le mélange des idées donna un regain de puissance créatrice. Pendant des millénaires, jusqu'à l'arrivée du moteur à combustion interne, le cheval fut le véhicule de la conquête de la terre par l'homme.

Ses jambes fines et nerveuses contribuent également à créer une image noble. Parce que les chevaux sauvages sont des herbivores vivant dans les plaines et se déplaçant avec vivacité, spécialisés dans le terrain découvert, ils ont dû, pendant des millions d'années, se doter de la charpente élégante d'un athlète aux muscles ondoyants. Un mouvement rapide exige un certain style de structure corporelle, style que les sportifs que nous sommes apprécient. Nous sommes également, en tant qu'espèce, des coureurs rapides, pas des fouisseurs, des grimpeurs, des crampons, mais des sprinters – ce qui crée un lien entre nous et le cheval, et engendre une profonde admiration pour son allure et sa grâce. Psychologiquement, il devient un prolongement de notre corps propulsé dans la course. Lorsque nous le chevauchons, nous nous confondons avec lui par l'esprit, pour ne former qu'un être unique, galopant, invincible : le grand centaure de la mythologie.

Quand cela s'est-il produit? Chose curieuse, le cheval est un retardataire sur la scène de la domestication. Chiens, chèvres, moutons et bœufs étaient déjà depuis des millénaires sous la coupe de l'homme quand, au troisième millénaire avant notre ère, la domestication du cheval a commencé. L'aventure a pris naissance dans la région située au sud de la Russie actuelle et au nord-ouest de l'Asie, au cours de l'évolution progressive des techniques agricoles. Évidemment, ce n'était pas le premier contact de l'homme avec le cheval. A l'âge de pierre, on chassait les chevaux pour les manger, comme en témoignent les merveilleuses peintures rupestres qui ornent les parois des grottes en France et en Espagne, mais aucune tentative n'avait été faite alors pour les dominer. On les piégeait *, on les tuait à coups de lances et on les dévorait, et à cela se limitaient nos relations avec eux.

Cette période a ceci de déconcertant que les chevaux étaient déjà en voie de disparition en tant qu'espèce sauvage, sans intervention humaine. En effet, à la fin de l'Ère glaciaire, la forêt touffue a rapidement gagné du terrain dans la plus grande partie de la zone tempérée. Habitant des espaces dégagés, le cheval a reculé peu à peu et on estime que l'espèce aurait pu finir par disparaître si les premiers agriculteurs n'étaient intervenus en domes-

* A Solutré, en Bourgogne, on effrayait les chevaux pour qu'ils se précipitent dans le vide du haut de la falaise *(N. d. T.)*.

tiquant l'espèce avant son extinction totale... Pour une fois, l'histoire ne se répète pas, puisque souvent c'est précisément l'intervention humaine qui est la cause de la disparition prématurée des espèces animales.

Au cours du second millénaire avant notre ère, on avait endigué ce déclin et l'animal domestiqué prospérait et se multipliait à travers l'Europe. En 1500 avant J.-C., il y avait déjà deux types de chevaux distincts : les trapus, des régions froides du Nord, et les élancés, dans le Sud au climat plus doux. La spécialisation avait commencé. Les poneys râblés, par la sélection des éleveurs, ont donné des races géantes qui allaient devenir les bêtes de somme pour les cultivateurs et sur les champs de bataille. La race aux longues jambes du Sud a donné les magnifiques coursiers arabes qui allaient engendrer les pur-sang de course modernes. Quand l'homme a voulu explorer et étendre son domaine, le cheval est allé avec lui, si bien qu'ils ont élaboré l'un et l'autre une répartition globale des tâches. Les envahisseurs du Nouveau Monde ont emporté avec eux une poignée de chevaux – trente pour Christophe Colomb et seize pour Cortés. Avant longtemps, ils ont donné souche à une lignée nouvelle de chevaux « indiens », modifiant du même coup la structure sociale des Indiens des plaines américaines.

Comme il se produisit partout une explosion de la population humaine qui se chiffre par millions, le nombre de chevaux bons pour le service s'envola vers de nouveaux sommets. L'ensemble de la société paraît reposer sur les aptitudes du cheval, l'agriculture, le transport, la guerre, les cérémonies, les sports et les plaisirs. A mesure que les armes se font plus sophistiquées, le destin des chevaux devient plus épouvantable. Un seul jour de combat, pendant la Première Guerre mondiale, voyait mourir sept mille chevaux. Sur un million de chevaux anglais envoyés sur le front durant cet abominable conflit, soixante-deux mille seulement ont pu revoir le sol natal. Puis, après l'armistice, en récompense de leurs bons et loyaux services, la majorité de ceux qui avaient eu la chance d'échapper aux bombes et aux grenades finirent dans l'assiette des prisonniers de guerre ou furent vendus aux cultivateurs du continent pour servir de fertilisants.

Malgré la vulnérabilité des chevaux devant les nouvelles armes, il y a eu une ultime charge de cavalerie au début de la Seconde Guerre mondiale. En 1939, la cavalerie polonaise s'est bravement lancée à l'assaut des tanks nazis. Elle fut décimée. Ensuite, le cheval de guerre quitta définitivement la scène. Les films d'aujourd'hui nous épargnent l'horreur de leurs effusions de sang au combat. Les chevaux entraînés pour le cinéma étant trop précieux pour qu'on les tue pour notre divertissement, leur mort est simplement suggérée et nous oublions facilement le prix terrible que le cheval docile a dû payer pour sa domestication.

Avec l'arrivée de la révolution industrielle, l'ère du cheval a entamé son déclin. Les trains ont, les premiers, remplacé le cheval comme moyen de transport, puis la voiture. Enfin, les machines mécaniques les ont engloutis, sur la route et aux champs. Camion, tracteur, tank, bus, car, camionnette et automobile familiale ont pris la relève, tandis que le maréchal-ferrant devenait une espèce menacée. Seule la nostalgie a permis à la bête de somme de survivre. Hormis les courses et les promenades, le cheval moderne n'a plus grand-chose à faire. Mais, avec la disparition du pénible labeur d'antan, un respect grandissant et une plus haute estime pour nos compagnons à quatre pieds ont vu le jour. Aujourd'hui plus que jamais, ce respect s'accentue à chaque génération. Le négoce des chevaux a cédé la place à une liaison sentimentale homme-cheval pleine de tendresse. Pour la première fois en cinq mille ans, c'est bon d'être cheval. Le meilleur esclave de l'homme n'a peut-être pas retrouvé la possibilité de parcourir les plaines en toute liberté, mais au moins son joug est-il à présent plus léger, entouré de soins et d'amour.

« L'Angleterre est le paradis pour les femmes, le purgatoire pour les hommes et l'enfer pour les chevaux », écrivit John Florio, écrivain anglais du début du XVIIe siècle. Depuis lors, cet enfer aurait tendance à se rapprocher du paradis pour la plupart de nos chevaux, tandis que nous commençons à rembourser notre vieille dette envers le noble animal. Curieusement pourtant, même les plus ardents hippomanes ont souvent du mal à le comprendre tel qu'en lui-même, comme individu appartenant à une espèce remarquable, riche d'expressions subtiles, possédant un langage corporel et un comportement social. Il est possible d'être un cavalier ou une cavalière émérite et de ne pas saisir totalement la nature de sa vie en groupe. Le lien entre cheval et cavalier est si fort qu'il domine, au détriment des relations entre chevaux.

En se fondant sur une observation objective d'un des alliés les plus proches de l'espèce humaine, le présent ouvrage s'efforce de combler cette lacune. Il se termine avec l'analyse de quelques-uns des aspects les moins familiers des mythes et des traditions inspirés par le cheval. Cet ouvrage s'adresse, en somme, à tous ceux qui aiment à observer les chevaux, qu'ils aient passé en selle cinquante ans de leur vie ou qu'ils n'aient jamais vu de cheval en dehors de leur écran de télévision. Après l'avoir lu, j'espère que chacun conviendra que le cheval reste, aujourd'hui encore, une créature non seulement pleine de noblesse, mais aussi indispensable, dont la seule présence enrichit notre vie.

Quels sont les signaux que le cheval adresse avec ses oreilles?

Les oreilles du cheval sont rarement immobiles. Telles des antennes paraboliques qui balaient le ciel, elles remuent constamment dans toutes les directions, récoltant au passage d'infimes indices sonores provenant du monde alentour. Pour les ancêtres sauvages du cheval domestique, cette faculté avait une importance vitale. En effet, leur système de défense dépendant uniquement de la rapidité de la retraite, il était capital pour eux de capter au plus vite les premiers signes de danger pour s'enfuir à toute allure et sur-le-champ, avant qu'un prédateur ne les attaque. Leurs oreilles mobiles leur assuraient un système d'alerte précoce.

Comme la position des oreilles varie en fonction de l'humeur du cheval, elle peut être interprétée par ses compagnons comme un signal. Un cheval peut connaître l'état psychologique d'un autre en regardant comment celui-ci tient ou remue les oreilles. Elles jouent un double rôle : elles reçoivent des signaux sonores et transmettent des signaux visuels. Ces signaux visuels sont d'autant plus utiles que les oreilles des chevaux sont particulièrement visibles. D'autres animaux à sabots, bovins, antilopes et cerfs, ont des cornes ou des bois qui surmontent le sommet de leur tête, ce qui a tendance à dissimuler les mouvements d'oreilles. Chez les chevaux, en revanche, les oreilles n'étant pas entravées de la sorte, elles sont tout à fait apparentes, même de très loin, ou lorsqu'on ne voit que la silhouette de l'animal. Voici comment il faut comprendre le langage des oreilles chevalines :

Quand elles sont neutres, elles sont dressées négligemment, le pavillon tourné vers l'avant et à l'extérieur. De cette manière, elles scrutent la région située devant l'animal et sur le côté. Cette position élémentaire assure la meilleure couverture de l'environnement, mais à l'instant où un son curieux se fait entendre, une des oreilles, ou les deux, pivote instantanément sur elle-même pour se mettre en face et l'examiner attentivement.

Si un bruit paraît bizarre ou inquiétant, le cheval *chauvit*. Il tourne la tête, voire le corps entier, vers l'origine du bruit, dresse les oreilles toutes droites, avec les ouvertures dirigées face au son. L'*oreille dressée* indique un cheval surpris, vigilant, sur le qui-vive ou simplement intéressé et se voit couramment pendant les salutations de face.

A l'opposé, il y a les oreilles molles du cheval dit *oreillard, clabaud* ou *mal coiffé*. Elles retombent latéralement, l'ouverture tournée vers le sol. Ce sont les oreilles d'un cheval fatigué ou léthargique, ou d'un animal qui a perdu tout intérêt dans le monde qui l'entoure : elles indiquent clairement que l'animal connaît un passage à vide. Quelquefois, la position s'accentue et on a l'*oreille tombante,* celle-ci pendant mollement de chaque côté de la nuque. Cette position se rencontre chez un cheval somnolent ou souffrant, qui désire interrompre la réception des messages. Ces positions latérales de l'oreille servent également de signal d'infériorité au cours des bagarres d'ordre hiérarchique ou lors de rencontres éprouvantes sur le plan social. Le cheval faible dit, avec ses oreilles tombantes : « Je ne discute pas avec toi. Je n'écoute plus, c'est toi le chef, alors laisse-moi tranquille. »

Il peut arriver parfois que l'on voie un cheval monté adopter une attitude spéciale, les oreilles *qui tombent en arrière.* Les oreilles sont tournées latéralement, mais le pavillon orienté vers l'arrière, en direction du cavalier. La position latérale indique l'état de soumission et les pavillons tournés vers l'arrière révèlent chez l'animal le besoin de capter le moindre son émanant de la silhouette effrayante perchée sur son dos. Cette position de l'oreille est fréquente chez les chevaux ayant des propriétaires ombrageux. On la remarque également lorsqu'un mâle et une femelle qui se rencontrent sont d'humeur folâtre. La jument fortement attirée par un étalon puissant tient souvent l'oreille ainsi tournée vers l'arrière. Bien qu'attirée par lui, elle en a peur, ce que révèle la position des oreilles. Pour lui, ce signe de soumission agit comme une invitation sexuelle et le rassure : il ne risque pas de recevoir un coup de sabot vengeur quand il l'approchera par-derrière.

Si la peur ordinaire se transforme en panique aveugle, les oreilles se redressent de nouveau. Elles sont droites maintenant, mais se tordent et s'agitent nerveusement. Un cheval aux *oreilles frissonnantes* peut être sur le point de s'emballer.

A l'autre extrémité de l'échelle émotionnelle, où la colère, l'agressivité et la domination apparaissent, il y a les *oreilles rabattues,* où le cheval aplatit les oreilles sur la nuque de sorte qu'elles s'effacent presque à la vue. De profil, un cheval en colère a l'air presque dépourvu d'oreilles et, pour certains, si les humains parviennent aussi facilement à dominer ces superbes quadrupèdes, c'est que nous devons leur paraître féroces et dominateurs avec nos oreilles plaquées de chaque côté du crâne. En langage de cheval, cela doit nous rendre vraiment impressionnants, d'autant plus que rien ne semble vouloir nous amadouer. Quelle que soit leur docilité, nous ne pointons jamais les oreilles en signe de bienvenue et ne les laissons jamais flotter de côté en signe de subordination indolente.

Ce n'est pas sans raison que les oreilles rabattues sont le signe le plus agressif. Il s'agit d'une survivance d'une position destinée à l'origine à protéger les oreilles en les mettant à l'abri autant que possible des agressions des rivaux. Repliées en arrière, elles risquent moins d'être mordues ou déchirées. Puis, au cours de l'évolution, cette ancienne position d'autodéfense s'est trouvée intégrée au langage quotidien du corps. Au lieu d'être exclusivement consacrée à des moments de bagarre, elle sert à présent de menace lorsque deux rivaux se rencontrent. L'animal agressif rabat les oreilles en arrière, ce qui signifie : « Si tu veux la bagarre, je suis prêt! » En ce cas, l'autre cheval peut répondre par la soumission ou par un comportement également menaçant. De cette manière, les disputes peuvent se régler sans éclater en véritables batailles, les manifestations extérieures remplaçant utilement morsures et coups de pied.

Il existe une situation particulière à laquelle correspondent deux types de réaction peu fréquents. Quand un cheval de course est drogué, son état se révèle par sa manière bizarre de tenir les oreilles. Si on lui a administré un sédatif, ses oreilles pendent sur le côté, même s'il est tout à fait actif par ailleurs. Quand il marche, les oreilles peuvent tressauter à chaque pas tout en restant sur le côté, comme si les muscles de l'oreille n'assuraient plus leurs fonctions.

Si le cheval a reçu, au contraire, un excitant, ses oreilles deviennent totalement rigides. Ces deux particularités sont à même d'éveiller les soupçons quand un cheval a un comportement bizarre avant une course.

En somme, il faut se souvenir que, dans la vie quotidienne d'un cheval – dans son état normal, bien sûr –, les oreilles s'agitent sans cesse pour capter de nouveaux sons. Des oreilles mobiles, qui tournent dans un sens puis un autre, indiquent, par leur activité même, une attention et un intérêt changeants. Des chevaux qui se connaissent bien peuvent remarquer rapidement que l'intérêt d'un autre membre du groupe a été éveillé par quelque chose situé au loin dans une direction donnée. Ils peuvent orienter alors leurs organes acoustiques dans ce sens. Ces changements peuvent prendre le pas sur d'autres considérations. Si un bruit vient de derrière, les pavillons se tourneront vers l'arrière, indépendamment de l'état d'esprit de l'animal. C'est seulement lorsqu'il n'y aura plus à « tendre l'oreille » que celle-ci retrouvera sa position tranquille liée à l'humeur du moment. Les chevaux apprennent vite la différence entre les signaux d'attention immédiate et ceux exprimant un état d'esprit latent, et pour nous, ce n'est guère difficile d'en faire autant. Dès que nous avons compris le « langage des oreilles chevalines », nous pouvons connaître d'emblée l'état émotionnel de l'animal et pénétrer un peu plus avant dans son univers.

Le cheval a-t-il l'ouïe fine?

Certes, et plus que nous. Ses oreilles hautement sensitives peuvent détecter une gamme de sons plus étendue, allant d'une fréquence très grave au très aigu et ils ont une sensibilité plus fine à tous les niveaux.

Dans leur jeunesse, les humains adultes ont la possibilité d'entendre des sons jusqu'à 20 000 cycles/seconde environ, chiffre qui plonge à 12 000 cycles/seconde vers la soixantaine. D'après des tests effectués sur des chevaux, ceux-ci peuvent capter jusqu'à 25 000 cycles/seconde, notablement au-dessus de nos propres capacités. Mais ce chiffre a tendance, comme pour nous, à se dégrader avec l'âge.

Grâce à leurs oreilles largement ouvertes, d'une fantastique mobilité, ils possèdent une acuité acoustique supérieure à la nôtre. Contrôlée par seize muscles, l'oreille pivote à 180 degrés, pour se pointer en direction d'un bruit précis provenant de très loin. De temps à autre, un propriétaire a l'occasion de constater que son cheval a réagi à un bruit qui venait vers lui, bien avant qu'il n'ait lui-même perçu le moindre écho.

Les chevaux sont si aptes à détecter des perturbations naturelles comme les orages éloignés, les vents élevés et les tremblements de terre que certains cavaliers sont convaincus qu'ils possèdent un sixième sens. Pour s'en assurer, il faudrait étudier le comportement d'animaux totalement sourds. Dans toutes ces réactions prétendument mystérieuses, il y a fort à parier que les chevaux réagissent en fait à des sons infimes, insaisissables pour l'oreille humaine. Même les tremblements de terre peuvent être captés de cette manière, car ils sont précédés de vibrations géophysiques de basse fréquence, les sons sourds étant perceptibles par l'oreille du cheval. Les habitants des zones exposées ont souvent remarqué que leurs coursiers deviennent excessivement nerveux et hennissent sans arrêt juste avant les secousses sismiques, donnant utilement l'alerte aux humains moins sensibles.

Je ne prétends pas affirmer ici que les chevaux sont nécessairement dépourvus de ce sixième sens. Mais il faut être prudent avant d'affirmer son existence, dès que nous observons, chez un cheval, une réaction inexplicable. Si nous pouvions éliminer toutes les sensations acoustiques, visuelles, gustatives, olfactives et tactiles, nous serions peut-être à même de constater que cet animal, comme beaucoup d'autres espèces, est sensible à certains éléments tels que les variations dans le champ magnétique terrestre. Nous savons à présent que les pigeons voyageurs – et les humains voyageurs aussi – usent de cette méthode. C'est pourquoi, en l'absence des autres éléments, le cheval réagirait probablement de la même manière. Nombre de cavaliers, victimes d'une chute au cours d'une longue randonnée, se sont souvent étonnés de voir que leur monture avait retrouvé seule le chemin du logis, en parcourant des lieux inconnus en pleine nuit. Ces exemples pourraient s'expliquer par une ouïe excessivement fine – les oreilles pivotantes de l'animal captant des sons lointains et familiers. Ils pourraient également illustrer des cas d'une extraordinaire sensibilité à la « carte magnétique » du territoire d'origine. Malgré d'interminables enquêtes fort complexes sur les pigeons voyageurs concernant cette question, aucune recherche scientifique sur les chevaux n'a encore été menée. Les résultats en seraient pourtant tout à fait fascinants. Cependant, quel que soit le sens qui opère en l'occurrence, il est certain que les chevaux sont merveilleusement adaptés au milieu dans lequel ils vivent.

Cette sensibilité est si aiguë qu'un environnement trop bruyant peut être une calamité pour un cheval. Ceux qui possèdent un cheval à proximité d'un aéroport ou d'une route à grande circulation signalent que l'animal est souvent excessivement tendu. Ce qui serait pour nous une cacophonie désagréable doit prendre des proportions insoutenables pour le cheval. Il peut réduire en partie le bruit en rabattant les oreilles, mais cela ne suffit pas. Mieux vaut, dans la mesure du possible, éviter de placer un cheval dans un endroit pareil.

Cette grande sensibilité acoustique explique également pourquoi il est si difficile d'apprendre à un cheval à ne pas réagir aux bruits forts lors de cérémonies ou de célébrations publiques. Les chevaux de la police montée, dans certains pays, et ceux participant à des défilés, comme les montures de la Garde Républicaine, à Paris, doivent être dressés pour *ne pas* réagir, ce qui est hautement contre nature pour eux, aux cris, acclamations, roulements de tambours et musique militaire lors des cérémonies et célébrations officielles, et ce dressage exige des trésors de patience et de soins. Cet aspect du dressage nécessite une extrême patience et beaucoup de temps. Même chez ceux dont les réactions naturelles ont été réprimées, on remarquera, le jour du défilé, qu'ils tressaillent et se crispent quand les éclats de la musique leur parviennent. S'ils ne se cabrent pas ou ne s'enfuient pas comme ils en ont envie, leur corps révèle qu'ils sont loin d'être calmes, tandis que leurs oreilles délicates sont bombardées de douloureuses agressions sonores.

Ces remarquables facultés acoustiques ont l'avantage de permettre à un cavalier intelligent de dresser sans attendre son cheval à réagir à des ordres simples prononcés doucement. Le cheval, comme le chien, peut apprendre à réagir à des mots tels que « holà! », « allez! », « oui! », « non! » – et beaucoup d'autres – mais pour une raison inconnue, cette aptitude n'est pas pleinement utilisée. Certains cavaliers ont, à tort, l'impression qu'il ne faut pas parler à son cheval et que tous les ordres doivent être transmis physiquement, en raccourcissant les rênes, par exemple. Or, ce type d'attitude néglige de faire appel à l'un des grands atouts du cheval : son ouïe étonnante.

Combien de sons le cheval émet-il?

Le répertoire vocal du cheval n'est guère étendu et les bruits qu'il produit sont loin d'être harmonieux. Pourtant, il n'en possède pas moins un langage simple, utile : il s'ébroue et couine, hennit plus ou moins fort et geint, autant de bruits qui traduisent pour ses compagnons ses changements d'humeur. Il existe huit sons différents.

1. *L'ébrouement*

Il signifie : « Il y a peut-être un danger par ici. » Le cheval est pris entre sa curiosité et sa peur. Il perçoit quelque chose qui éveille son intérêt, mais le rend légèrement circonspect. En s'ébrouant, il accomplit deux choses à la fois; en dégageant les voies respiratoires, il est prêt à l'action et, du même coup, il alerte les autres membres du troupeau d'un éventuel danger. Comme le cheval qui s'ébroue se tient face à la menace, le son indique la direction d'où vient le danger, permettant aux autres chevaux de s'y intéresser à leur tour. En un sens, s'ébrouer, pour les chevaux, équivaut à aboyer pour les chiens. Mais, contrairement au chien, le cheval ne peut être entendu qu'à une cinquantaine de mètres. De sorte que s'il a repéré au loin quelque chose d'inquiétant, il peut avertir ses compagnons sans révéler la présence du troupeau à un prédateur en maraude.

L'ébrouement est une puissante exhalation d'air par les

naseaux, bouche fermée. Il dure entre 0,8 et 0,9 seconde, avec un frémissement tout à fait perceptible qui provient des vibrations des naseaux. Habituellement, la tête est dressée, de même que la queue, tout le corps de l'animal exprimant une grande excitation, celui-ci étant prêt à prendre la fuite.

Bien que son usage le plus fréquent soit l'apparition d'un objet bizarre dans le lointain, ce son peut aussi servir quand un étalon en défie un autre. Là encore, il exprime un grand intérêt mêlé d'une pointe d'inquiétude, autrement dit un état de conflit.

2. *Le couinement*

C'est un signal de défense. Dans des rencontres agressives, il signifie : « Ne me cherche pas! », indiquant au rival que, s'il ne laisse pas tomber, il va déclencher des représailles. Une poulinière aux mamelles engorgées, qui ne supporte pas qu'on la touche, laissera échapper aussi ce type de cri en signe de protestation. De même, une jument qui se fait courtiser par un étalon repoussera ses avances avec le même son. Ce type de cri est, dans tous les cas, un signe de protestation, qui veut dire : « Arrête! » Dans un contexte sexuel, il se charge parfois d'une nuance supplémentaire, le message devenant alors : « Arrête, j'aime ça... »

Les couinements peuvent être d'intensité variable. Ils peuvent durer d'un dixième de seconde à peine à 1,7 seconde. Le plus long peut être entendu à cent mètres à la ronde. Les plus forts surviennent quelquefois au cours des rencontres entre étalons et juments. Généralement, le cri est poussé lèvres closes, mais parfois les coins de la bouche sont légèrement écartés.

3. *Le salut*

Ce hennissement atténué est un son guttural, sourd, avec une vibration. C'est un signe d'amitié, qui signifie : « Viens ici. » Il est utilisé à petite distance, lorsque le compagnon a été reconnu, et il peut être perçu à trente mètres. Il peut survenir quand un cheval en salue un autre d'une manière amicale et on l'entend fréquemment au moment des repas, où il accueille la venue de celui qui apporte l'avoine. Dans ce cas, on dit que le cheval réclame mais il s'agit plutôt d'une salutation. En d'autres termes : « Salut, content de te voir! », dit le cheval.

4. *Le hennissement sexuel*

Émanant de l'étalon qui s'approche de la jument, le message qu'il contient est le même, mais il a en outre une nuance spécifiquement sexuelle. En langage humain, cela équivaut plus ou moins à lancer : « Salut, ma jolie! » Tout en hennissant, il arrive souvent que l'étalon secoue vigoureusement la tête, bouche fermée et naseaux largement écartés. Ce type de hennissement est doux, plus long, plus grave et plus haché aussi en syllabes. Le rythme de vibration de ce hennissement particulier est variable selon les étalons, de sorte qu'une jument devrait pouvoir reconnaître le mâle qui lui fait sa cour sans même le regarder.

5. *Le hennissement maternel*

La jument le réserve à son poulain. Ce signal de rassurance est grave, très doux, à peine perceptible si l'on n'est pas à côté d'elle. Il survient quand la jument est légèrement inquiète pour la sécurité de son rejeton et c'est une manière de chuchoter : « Approche un peu. » Dès la naissance, le petit réagit à ce son, sans avoir à l'apprendre. En fait, la réaction du nouveau-né est tellement intuitive qu'il peut suivre un homme qui imite ce son.

6. *Le hennissement*

Ce son commence comme un couinement et finit comme un hennissement. C'est le plus long et le plus fort des appels du cheval, il dure en moyenne 1,5 seconde et il peut s'entendre à un kilomètre. Il équivaut au hurlement du chien et sert à faire savoir aux autres membres du groupe où l'on se trouve et à leur demander où ils sont. Il survient quand un cheval s'est isolé du troupeau, ou quand il a repéré au loin un de ses compagnons. En général, l'appel obtient une réponse, les deux messages signifiant : « Je suis par ici, c'est toi? – Oui, c'est moi, je t'entends! » Ce bruit permet de rassembler le groupe ou, du moins, de conserver le contact de loin. Des expériences ont prouvé que les chevaux réagissent plus fortement au hennissement des membres de leur propre groupe qu'à ceux émanant de chevaux inconnus. Cela indique que chaque hennissement appartient à un individu donné, que ses compagnons apprennent à reconnaître, et qu'il est une forme d'identification personnelle. En prêtant une oreille attentive aux divers hennissements, on se rend compte qu'ils ont chacun une caractéristique en propre. Il existe même des différences selon les races outre celles appartenant aux individus. On peut aussi distinguer un hennissement d'un mâle de celui d'une femelle, en raison du petit grincement que l'étalon ajoute à la fin de son appel. L'on croit souvent, à tort, que hennir est un signe de frayeur ou de panique, mais il s'agit là d'un profond malentendu. Pour un cheval isolé, cet appel peut servir à reprendre contact avec une jument, un foal, le troupeau. C'est une demande d'information, pas un cri d'alarme.

7. *Le rugissement*

Au cours d'une sérieuse bagarre, quand les chevaux connaissent un moment de forte tension – peur ou colère intense, ou les deux à la fois –, on peut les entendre corner ou, quand le son est plus aigu, pousser des cris perçants. Les rugissements et les hurlements s'entendent rarement chez des chevaux domestiques, à moins qu'ils ne vivent librement en troupeau ou qu'ils ne fassent partie d'un grand élevage. Bref, ce n'est guère une situation fréquente dans la vie quotidienne du cheval contemporain.

8. *Renâcler*

Ce son ressemble à celui que produit le cheval en s'ébrouant, mais sans les vibrations et les palpitations. Il s'agit d'une simple exhalaison par les naseaux, qui transmet le même type de message que l'ébrouement, mais moins tendu. Il peut vouloir dire : « Qu'est-ce que c'est? », mais il peut aussi n'indiquer qu'une sensation générale de bien-être, du style : « C'est bon, la vie! »

Outre ces différents sons, les chevaux peuvent grogner ou geindre de fatigue ou d'ennui, soupirer à l'occasion ou ronfler fort, mais ce sont des variations mineures dans le répertoire. En vérité, le cheval ne dispose pas d'une gamme de sons très élaborés et il ne s'en sert pas d'une manière figée. Aucun ne s'applique à un contexte unique porteur d'un unique message. Bien que nous indiquions ici des messages « types », chaque son peut se rencontrer dans des situations variables, où d'autres éléments du contexte social viendront en modifier le sens. Les vocalisations équines doivent toujours être interprétées en tenant compte de cette réalité.

Quels sont les signaux que le cheval adresse avec sa queue?

La queue du cheval monte et descend comme un indicateur de tendance. La queue dressée en l'air signifie vitalité, dynamisme et exubérance. Celle qui pend indique somnolence, épuisement, souffrance, peur intense ou soumission. La queue haute est signe de tonus, la queue basse, de manque de tonus.

En effet, lorsque le cheval avance, plus il accélère, plus son système musculaire se mobilise pour l'arracher aux effets de la pesanteur. Ces muscles aident à soulever l'animal et à le propulser en avant tandis qu'il s'élance. C'est l'ensemble de ce processus qui, du même coup, relève la queue. Lorsque le cheval ralentit, à mesure qu'il freine, le processus inverse intervient et la queue s'abaisse. En d'autres termes, les mouvements primitifs de la queue sont en relation avec les changements de vitesse, mais ils traduisent beaucoup plus que cela. Un cheval peut lever ou baisser la queue simplement pour donner un signal, sans bouger le reste du corps. L'ancienne relation entre position haute et mouvement, position basse et arrêt a été « empruntée » pour enrichir le langage corporel du cheval de nouveaux signaux.

Un poulain joueur, par exemple, peut s'approcher d'un autre et indiquer son envie de jouer en agitant la queue bien haut au-dessus de la croupe – aussi haut que son anatomie le lui permet. Quelquefois, la queue peut même s'enrouler par-dessus sa croupe, tant l'« élan » est intense, au moment du jeu. Cette invitation est immédiatement comprise par l'autre jeune et le jeu s'ensuit sans délai. La différence clé tient ici au fait que, lorsque la queue s'est relevée, l'animal appelant au jeu n'accélérait nullement sa course. Peut-être était-il même à l'arrêt. L'antique lien entre queue haute et mouvement en avant s'est transformé en queue haute et invitation. Le mouvement de la queue n'est plus *provoqué* par l'accélération, il en est devenu le symbole. Il est devenu, en quelque sorte, une incitation à accélérer : « Filons et allons jouer tous les deux! »

De même, un cheval à l'arrêt peut laisser tomber la queue, signifiant : « Je suis fatigué, sans forces. Je m'incline, tu es le chef! » S'il est vivement effrayé par un autre cheval, l'animal peut même rabattre la queue entre les postérieurs, presque comme un chien qui essaie de « mettre sa queue entre les jambes ».

Lorsqu'un cheval devient très agressif ou très tendu, on peut remarquer un raidissement de la base charnue de la queue, de sorte qu'elle paraît faire saillie plus qu'à l'ordinaire, tel un bâton couvert de poils.

Lors des rapports sexuels, l'étalon et la jument tiennent la queue dressée en l'air à cause de l'excitation du moment, mais avec une légère différence : la queue de la femelle, en position haute, est inclinée sur le côté comme signal d'invitation sexuelle.

En plus de la position haute et basse, il y a également des battements rapides de la queue en diverses directions. Ceux-ci sont à l'origine des mouvements d'irritation liés à la présence d'insectes ou d'autres importuns. Dans ce type de situation, la queue sert essentiellement de chasse-mouches, mais, là encore, le langage du corps chez les chevaux a emprunté ce geste primitif pour l'utiliser dans un contexte social. Ainsi, un cheval inquiet, frustré ou désorienté peut agiter la queue d'un côté et de l'autre, d'abord latéralement, puis verticalement, ensuite en traçant un arc, indiquant par là son irritation. La « mouche » que la queue cherche à chasser est devenue symbolique. La source de son ennui est à présent psychologique plutôt que physique. Dans une situation de dressage, le balancement de la queue peut faire perdre des points en raison de ce qui est considéré comme une « résistance ». En d'autres termes, ce comportement est censé indiquer que l'animal est mal à l'aise et, par conséquent, mal préparé par son cavalier.

Lorsqu'un cheval est vraiment en colère, il peut signifier son humeur en accentuant le mouvement, cinglant si fort que les crins font réellement siffler l'air et qu'un coup peut vous faire saigner. Pareils indices annoncent souvent un bon coup de pied, si la mauvaise humeur du cheval empire.

Une cravache équipée d'un dispositif électrique, dont l'usage est illégal en Angleterre et en France, produit une réaction caractéristique de la queue. Sur le coup, la base de la queue se raidit, elle tourne rapidement en formant un cercle complet, puis se dresse en l'air et frappe fortement le train. Tout cela se produit en un temps éclair, mais il n'en faut pas plus pour savoir qu'un aiguillon de nature illicite a été utilisé.

Une autre tricherie, d'une forme curieuse, a été découverte dans le cas du Tennessee Walker Horse. Cet animal endurant, exposé à tous les abus, a souvent la queue écourtée que l'on remplace par un postiche fixé sur le moignon dans une position exagérément droite qui lui donne une allure pleine d'allant. Certains préfèrent, dans le même but, introduire un morceau de gingembre dans l'anus du malheureux animal.

Quels sont les signaux que le cheval adresse avec l'encolure?

Son encolure longue et puissante permet au cheval de remuer la tête avec une flexibilité remarquable. Il se trouve ainsi doté d'une diversité de signaux propres à la tête et au cou et qui peuvent transmettre des indices utiles concernant ses changements d'humeur. Certains gestes proviennent de mouvements appartenant à la toilette. Les chevaux souffrent terriblement des mouches et autres insectes qui bourdonnent autour de leur tête et, pour écarter ou même chasser ces minuscules bourreaux, ils ont souvent un mouvement de l'encolure, bref et brusque. Le *hochement de tête,* qui fait naître aussitôt un nuage d'insectes, en est la version la plus courante. L'animal peut aussi *relever brusquement la tête* ou *rejeter la tête en arrière.* La fonction première de ces différents gestes peut être la recherche d'un meilleur confort, mais ils ont également une fonction secondaire, d'ordre social. Quand un cheval est agacé par les gestes d'un compagnon, cheval ou humain, il peut exprimer son irritation ou sa gêne en agissant comme s'il était harcelé par des insectes. Secouant, relevant ou rejetant la tête en arrière, il témoigne de son agacement même en l'absence totale d'insectes. Ne nous arrive-t-il pas de nous gratter le crâne lorsque nous sommes en colère? Comme les chevaux, nous avons alors une « réaction d'irritation » primitive à une irritation d'un type nouveau qui existe seulement dans notre esprit. Bien que ceux qui nous mettent hors de nous ne se trouvent absolument pas à cet endroit, nous agissons comme s'ils y étaient.

Il ne faut pas confondre cette manière de secouer la tête et de la relever avec le mouvement qui consiste à *encenser,* où l'animal plonge la tête et la relève à plusieurs reprises. C'est d'habitude une façon pour l'animal d'élargir son champ de vision et d'améliorer sa compréhension des objets qui sont directement en face de lui. L'*oscillation de la tête* est un autre mouvement, dont le sens est totalement différent. Ici, le bout du nez se tortille d'un côté et de l'autre tandis que le haut de la tête reste plus ou moins immobile. On aurait presque l'impression qu'il cherche à s'éclaircir les idées et cela signifie : « Prêt pour la bagarre! » Chose étrange, c'est un mouvement presque d'autosatisfaction et il existe chez les humains un certain geste de la tête, plein de morgue, dont la forme et le fond sont identiques.

Les mouvements de la tête vers l'avant, tels que *tendre la nuque, allonger la tête, donner un petit coup de nez* sont des gestes qui indiquent que l'animal est sûr de lui. Le fait de pousser ou d'allonger la tête sont des mouvements agressifs, liés au fait de mordre, mais le petit coup donné du bout du nez, lèvres closes, est une manifestation plus tranquille, qui signifie à peu près : « Eh, et moi alors? » ou « allez, on continue! ». C'est une façon de requérir l'attention et ce geste peut s'adresser à un autre cheval ou à un homme. Quelquefois, le cheval, qui a un problème, le signale par ce biais. Bref, c'est un geste qu'il ne faut jamais laisser passer, même s'il ne s'explique pas tout de suite.

Pour indiquer qu'il essaie d'éviter quelque chose, le cheval fait passer sa tête le plus loin possible de ce qui le gêne. Une rapide torsion de l'encolure, comme pour se retirer, fait savoir à son compagnon que l'animal a trouvé quelque chose qui lui déplaît, que ce soit par un contact physique direct ou par une intrusion symbolique. L'*ondulation de la tête* (à distinguer du hochement de tête) est une curieuse oscillation d'un côté et de l'autre, cou tendu, que l'on voit quand un étalon dominant a du mal à rassembler ses juments en vadrouille. C'est un geste ambivalent, où le cheval menace symboliquement de mordre, d'un côté d'abord puis de l'autre. Les mouvements vifs de la tête, au cours de l'évolution, sont devenus stylisés tout comme l'ondulation rythmique de la tête d'un serpent. Désormais, il suffit que l'étalon fasse ce geste pour que les juments comprennent ce qu'il attend d'elles.

Enfin, il y a quelques mouvements inquiétants qui surviennent de temps à autre. Mentionnons la curieuse *torsion de l'encolure,* où celle-ci se tord complètement dans un sens puis dans l'autre. Elle se rencontre dans des situations ludiques, comme pour dire : « Je veux aller dans toutes les directions à la fois. » Mais elle peut se trouver dans un contexte plus grave et transmet alors un message moins joyeux : « Je veux sortir d'ici! » Pis encore, des gestes figés que certains chevaux répètent à l'infini pour soulager l'ennui qui les envahit dans la solitude des petites stalles. Parmi ceux-ci, des mouvements en zigzag de la tête, semblables à ceux des perruches et d'autres oiseaux en cage qui rêvent d'évasion, et des mouvements circulaires de la tête, qui vous donnent le vertige quand vous observez l'animal. Si ce type de comportement persiste pendant une période prolongée, cela signifie que l'environnement du cheval a été simplifié à l'excès et qu'il est nécessaire de l'enrichir. Ces gestes ne se rencontrent jamais chez l'animal à l'état sauvage, de sorte que leur seule apparition suffit à prouver qu'il y a une faille dans l'organisation de sa vie quotidienne.

Quels sont les signaux que le cheval adresse avec son corps?

L'attitude d'un cheval en dit long sur son état d'esprit. D'une manière générale, plus il est excité, plus il se redresse. A mesure que la stimulation s'affirme, tout le corps de l'animal semble grandir et devenir plus impressionnant. Il tient la tête droite et la queue en l'air, fièrement dressée. Inversement, quand le cheval perd son intérêt et est gagné par le sommeil, l'ennui ou la soumission, la tête et la queue pendent lamentablement, le corps entier ploie, donnant l'impression que l'animal rétrécit. Cette manifestation verticale – de la vitalité à l'inertie – est clairement perçue par ses compagnons, qui réagissent en conséquence. Utilisé fréquemment, ce signe fait partie du langage corporel des chevaux.

En revanche, lorsque le niveau d'excitation est tel que l'animal se lance au galop, cette loi de la verticalité est rompue. Les exigences de la force de locomotion à grande vitesse obligent alors le corps du cheval à adopter un profil plus aérodynamique, plus horizontal, malgré son état d'excitation.

Outre le tonus physique général, le corps et les membres peuvent transmettre divers signaux faciles à déchiffrer. Il y a trois mouvements du corps caractéristiques : le *temps d'arrêt,* le *coup d'épaule* et la *présentation de la croupe.*

Le temps d'arrêt est utilisé quand un animal dominant veut entraver le mouvement d'un rival. C'est une forme de menace, qui signifie : « C'est moi qui commande! »

Celui qui veut intimider l'autre place son corps perpendiculairement à l'adversaire pour l'empêcher d'avancer. L'animal immobilisé se trouve devant une sorte de dilemme : il doit réagir à la provocation en forçant son chemin, ou simplement rester là où il se trouve et accepter d'être réduit à l'impuissance. Il peut aussi faire demi-tour et s'en aller. Si, dans une situation pareille, il se retire, cela signifie, dans le langage corporel des chevaux, qu'il admet sa défaite et reconnaît son opposant comme son supérieur. En effet, faire demi-tour est un signe spécifique utilisé par les chevaux quand ils capitulent lors d'une bagarre sérieuse pour la dominance. Au cours d'une vraie bataille, c'est une manière de jeter le gant, de sorte que celui qui s'immobilise oblige son rival à défendre son territoire ou à manifester ouvertement son infériorité. Ainsi, la pause est un moyen fort pratique de renforcer sa position dominante sans se jeter dans une dangereuse bagarre. L'inconvénient d'un véritable conflit, même pour le plus fort des animaux, est le risque d'être blessé pendant qu'il met à mal son adversaire. En pleine nature, l'animal blessé peut ne plus être à même d'échapper à un prédateur qui aura tôt fait de lui régler son compte. C'est pourquoi tout moyen pour limiter la bagarre à des manifestations physiques extérieures est préférable à la violence.

Le coup d'épaule est une étape au-dessus du temps d'arrêt. Celui qui menace va plus loin, il entre en contact physique avec son adversaire et se cogne contre lui. Si cela ne suffit pas pour l'intimider, il sera peut-être nécessaire de poursuivre l'escalade pour en arriver à une vraie bagarre, l'esbroufe cédant le pas devant la violence. Mais chacun ne s'y résoudra qu'en dernier recours.

C'est ainsi que s'expliquent les multiples contestations

et vérifications qui interviennent sur les champs de course, car si un jockey pousse volontairement sa monture à donner un coup d'épaule à son rival, celui-ci peut non seulement s'en trouver gêné, mais également se laisser intimider sur le plan psychologique, réagissant comme s'il se trouvait en présence d'un animal agressif, dominateur. Ce geste peut l'amener à ralentir plus qu'on ne s'y attendrait d'une simple collision. En revanche, au polo, le même geste est utilisé délibérément, comme faisant partie intégrante des règles de ce sport, un bon poney de polo étant toujours prêt à bousculer son voisin, sans jamais se laisser impressionner par ce genre de contact.

La présentation de la croupe relève de l'arsenal de défense. Le cheval en question fait simplement demi-tour pour présenter sa croupe à son rival. Cette forme de menace plus mesurée signifie : « Arrête de m'embêter ou je t'envoie un coup de pied! » A l'origine, c'est une manière de prendre ses dispositions pour envoyer une ruade et cette mise en garde est destinée à faire comprendre à l'autre que, s'il ne garde pas ses distances, il risque la bagarre. En d'autres termes, c'est ce qu'on appelle un « mouvement d'intention », parce qu'il permet à l'animal d'indiquer ce qu'il a l'intention de faire. Les autres chevaux apprennent vite à lire les étapes préliminaires et ils réagissent sans attendre que la menace soit mise à exécution. De cette façon, la présentation de la croupe devient un substitut efficace à un véritable coup de sabot.

Quels signaux le cheval adresse-t-il avec ses membres?

Il y a plusieurs signaux propres aux membres, dont les chevaux font usage pour manifester leurs mouvements d'humeur. L'impatience au sol en est un. Il s'agit là de gratter la terre avec un des antérieurs, dans un mouvement où le pied est entraîné vers l'arrière. A l'origine, c'est un geste lié à l'alimentation ou une manière d'explorer le sol sous les sabots. Il peut servir à chercher sous la surface ou à en vérifier la résistance. En l'occurrence, ce geste est purement mécanique et il ne fait pas partie du langage corporel des chevaux. Pourtant, il peut également être utilisé dans un contexte émotionnel, non mécanique, par un cheval qui a une forte envie de bouger et ne le peut pas. Si quelque chose l'empêche d'avancer, que l'obstacle soit physique ou psychologique – telle la peur – il peut se mettre à piaffer de façon à exprimer ses sentiments.

Lever un antérieur est une menace. C'est une version adoucie du coup que les chevaux s'administrent lorsqu'ils s'attaquent de face en se cabrant. Si deux étalons se lancent dans la bagarre, ils peuvent se dresser l'un et l'autre sur leurs postérieurs et se frapper avec les antérieurs. Lever un membre signifie : « Voilà ce qui t'attend si tu continues de me chercher! » Chez les humains, on brandit le poing, mais c'est la même chose.

Lever un membre postérieur est une menace plus défensive, qu'il faut interpréter comme un avertissement : un coup de pied sanglant ne va pas tarder à suivre si les choses s'enveniment. Il sert à souligner le message contenu dans la présentation de la croupe, au cas où celui-ci n'aurait pas obtenu l'effet désiré. Il est parfois utilisé par des juments qui veulent repousser un poulain trop requérant. Si le poulain se montre trop insistant et s'obstine à vouloir téter quand la jument n'y est pas disposée, elle le repoussera d'un geste ferme, du postérieur le plus proche de son rejeton.

Frapper du pied et *piétiner* peuvent également faire savoir que le cheval est d'humeur légèrement menaçante. Ces deux comportements sont également liés à l'origine au coup de pied, mais sous une forme légèrement modifiée. Frapper consiste à lever et abaisser un des pieds de derrière, de manière qu'il produise un vigoureux bruit contre le sol. Piétiner est un geste similaire, produit du haut en bas par un des antérieurs. Frapper et piétiner correspondent à une sorte de « protestation atténuée ». Une jument peut frapper le sol quand son poulain l'agace. Un cheval peut piétiner pour protester quand on lui met la selle pour une randonnée dont il n'a pas envie. A l'instar d'autres signaux corporels, ces gestes sont destinés non seulement aux autres chevaux, mais aussi aux compagnons à deux pattes qui, consciemment ou non, apprennent bientôt à décrypter ces signes.

Le cheval a-t-il des expressions faciales variées?

Le cheval possède un langage corporel subtil et complexe, comprenant certaines expressions faciales, qui, sans être aussi élaborées que chez les humains, peuvent transmettre nombre d'émotions et de changements d'humeur.

La première mimique que l'on voit chez un foal est le « coup de dents ». Le jeune animal ouvre la bouche, étire vers l'arrière les coins des lèvres, puis, les dents bien visibles, il se met à ouvrir et à refermer les mâchoires. Les dents se rejoignent quelquefois, mais elles peuvent rester à peine écartées. Lorsqu'elles claquent effectivement, on entend un bruit sec, ce qui amène certains à parler de « claquement ». D'autres, insistant sur le mouvement d'ouverture et de fermeture des mâchoires, l'ont baptisé « flottement de la mâchoire ». Ce geste, qui exprime la soumission, signifie : « Je ne suis qu'un petit poulain et je ne te veux aucun mal, alors ne me fais pas de mal non plus. » Il se manifeste quand un cheval adulte ou étranger s'approche. Vers trois ans, ce geste a presque disparu et, lorsqu'il réapparaît ultérieurement dans la vie sociale, sa fonction est de protéger du groupe un nouveau venu en position de faiblesse.

Ce geste est quelque peu déroutant du fait qu'au premier abord, il a l'air légèrement agressif, comme si le jeune animal faisait semblant de mordre les chevaux adultes. Ceux-ci, pourtant, ne commettent pas l'erreur d'interprétation des humains, puisqu'ils répondent à leur manière en prenant ce geste pour ce qu'il est : un signal stylisé, lié à l'origine à la toilette. Quand deux chevaux se rencontrent, il leur arrive souvent de se manifester leur amitié en effectuant une toilette mutuelle, chacun mordillant, par exemple, la crinière de l'autre ou une autre partie de la robe. Cette assistance réciproque n'est possible que lorsqu'il n'existe aucune tension ni menace entre les animaux. Un geste évoquant un début de toilettage est certainement dépourvu de tout relent d'agressivité. Le jeune poulain, en accomplissant avec la bouche une mimique liée à ces soins, dit à celui qui l'approche : « Je suis gentil », ce qui lui permet d'échapper à toute manifestation d'hostilité de la part des adultes.

A l'opposé du coup de dents, il y a un geste où les mâchoires restent écartées sur les dents nues. Il s'agit bien là d'une menace de morsure qui, dans la bagarre, sert à avertir d'une attaque imminente. Avec ce signal, et sans contact physique, l'animal invite son adversaire à déguerpir. A un moment moins violent, la tension du cheval peut se manifester par ses lèvres fermement serrées. D'autres formes de tension, telles la peur, l'inquiétude et la douleur, s'accompagnent également d'un tel pincement des lèvres, qui s'oppose aux lèvres détendues d'un animal pacifique ou fatigué. Quand un cheval est éreinté, il laisse souvent tomber sa lèvre inférieure qui pend.

En période de rut, l'étalon adopte souvent une expression baptisée la *réponse de Flehman,* provoquée par l'odeur de l'urine de la jument. Il retrousse la lèvre supérieure de manière à dénuder dents et gencives supérieures. En même temps, il étire la tête vers l'avant et semble humer l'air avec beaucoup de concentration. Le geste témoigne d'un intérêt certain pour l'odeur dégagée par la femelle et la lèvre retroussée donne à penser qu'il augmente en quelque sorte sa cavité nasale pour pouvoir déguster plus à loisir son arôme. Il se peut parfois qu'un produit chimique provoque cette réaction, qui se remarque alors chez la jument comme chez l'étalon. Il arrive aussi que l'urine d'une jument entraîne chez une autre cette réponse de Flehman. Parler, en ce cas, d'une « mimique d'étalon » peut induire en erreur, même s'il est vrai que les étalons y sont plus disposés.

Les naseaux peuvent se froncer de dégoût chez les chevaux comme chez les humains et, comme chez nous, l'excitation ou une émotion intense élargit la cavité nasale. Comme les chevaux arabes ont l'air d'avoir les naseaux perpétuellement retroussés (caractéristique héritée d'une adaptation à l'air chaud du désert), ils donnent l'impression d'être toujours plus en éveil et sur le qui-vive que les autres races.

La douleur et la fatigue ferment les yeux du cheval, la peur, l'angoisse et l'appréhension les écarquillent, la détente paisible et la docilité les ferment à demi. En colère, il regarde par-derrière. L'œil est cerclé de blanc et on voit apparaître un peu de blanc quand il se tourne, mais ce serait une erreur de croire que tout œil cerné de blanc indique un cheval d'humeur hostile. Il se peut simplement que quelque chose derrière lui l'intéresse.

Le cheval a-t-il l'odorat fin?

L'un des traits physiques les plus frappants chez le cheval est son faciès allongé. Cette élongation ne tient pas seulement au besoin de faire suffisamment de place pour les grosses dents broyeuses. Elle abrite également les cavités nasales profondes. Certains prétendent que leur parcours compliqué, contourné, a une surface égale à celle de l'ensemble du corps du cheval. Toujours est-il que, pour ce qui est de humer l'air du petit matin, les chevaux sont infiniment supérieurs aux humains. Ils peuvent repérer dans l'atmosphère des effluves riches d'informations venus de très loin – aptitude dont leurs propriétaires sont proprement incapables.

L'odeur a, pour le cheval sauvage, une importance qui peut être capitale dans un certain nombre de cas. Il doit être en mesure de reconnaître l'odeur d'un prédateur affamé tapi dans l'ombre ou qui tente de ramper vers un troupeau qui paît paisiblement. Il doit pouvoir situer avec précision l'emplacement de points d'eau éloignés et salvateurs. Quant au mâle, il doit être à même de savoir quand une lointaine jument est en chaleur.

Des propriétaires de chevaux ont souvent pu constater qu'un étalon, même enfermé à l'écurie, peut humer le parfum irrésistible d'une jument en rut, qui va et vient, invisible, dans une lointaine prairie. L'odorat de l'étalon est si fin, dans ce cas, qu'il peut repérer une jument située à quelque huit cents mètres. Il utilise pour cela ce que l'on appelle la *réponse de Flehman* : il prend une profonde inspiration, puis retrousse la lèvre supérieure de manière à obstruer les naseaux. Ce geste a pour effet de capter le parfum de la femelle dans ses cavités nasales et de l'introduire profondément à l'intérieur de celles-ci. Or, dans ce système élaboré, il y a des fosses spécialisées connues sous le nom d'organe voméro-nasal, ou organe de Jacobsen, particulièrement efficace pour détecter des subtilités dans les signaux odorants des animaux. Ces signaux émis, appelés phéromones, indiquent à l'intéressé non seulement l'état sexuel et émotionnel de celui ou celle qui diffuse les signaux, mais permettent également aux chevaux de reconnaître personnellement chacun de leurs congénères.

Lorsque deux animaux se rencontrent pour la première fois, on peut observer le fonctionnement de ce système d'identification personnelle. Désireux d'établir le contact, chacun renifle l'autre avec beaucoup d'attention. Il inspecte en particulier son souffle. Pour cela, ils s'approchent l'un de l'autre et se tiennent nez contre nez. L'un d'eux souffle dans les naseaux de l'autre, lui expédiant, en quelque sorte, sa carte de visite dans les cavités nasales sensibles, où elle est décryptée et mémorisée. Puis le deuxième animal en fait autant, soufflant à son tour dans les naseaux de son congénère. Chacun s'étant ainsi présenté à la considération du comparse, cet échange sera l'amorce d'une entente, à condition bien entendu qu'il n'existe aucune hostilité entre eux.

Certains propriétaires soulignent qu'ils ont pu, eux aussi, établir des relations plus étroites avec leurs bêtes en leur soufflant dans les naseaux de la même manière. Ils affirment qu'après des reniflements réciproques, nez contre nez, avec un de leurs chevaux préférés, un rapprochement s'opère. C'est, d'après eux, une manière presque magique de faire naître une intimité profonde entre eux et leur compagnon. Si le cheval en question est dans de bonnes dispositions et si l'homme concerné s'est comporté correctement avec l'animal, cela peut se révéler juste. Leur amitié peut s'en trouver renforcée. Mais il ne faut pas oublier que, lorsque ce type de salutation intervient entre des chevaux sauvages dans des conditions naturelles, il ne s'ensuit pas nécessairement une amitié profonde. Au contraire, à cet échange peut succéder une bagarre féroce, au cours de laquelle les animaux s'acharneront à affirmer leur domination l'un sur l'autre. Si les nouveaux venus, après s'être reniflés mutuellement, découvrent qu'ils sont des rivaux potentiels, souffler et renifler serviront à identifier définitivement l'adversaire, dont le « signalement » restera profondément gravé dans la mémoire pour les besoins ultérieurs. Toutefois, pour les propriétaires les plus attentifs et les plus aimants, cette éventualité ne devrait pas poser de problème. Dans leur cas, ce nez contre nez sera l'équivalent d'une affectueuse embrassade.

Cette faculté, chez l'étalon, de renifler à distance le parfum d'une femelle en état d'excitation sexuelle a l'inconvénient, entre autres, de lui faire négliger d'autres questions importantes, comme le fait de gagner la course ou de respecter l'ordre dans le défilé. Confrontés à ce problème, les propriétaires d'entiers ont été contraints de recourir à des stratagèmes peu glorieux pour modifier ce comportement naturel. La solution la plus simple, semble-t-il, est d'enduire l'intérieur des naseaux de l'étalon d'essences aromatiques très odorantes. Celles-ci masquent l'odeur de la jument, ainsi que les autres, du reste, et empêcheront l'esprit de l'étalon de vagabonder. Cependant, cette méthode a des faiblesses, car l'utilisation de ces substances puissantes à l'intérieur de naseaux extrêmement sensibles peut se révéler douloureuse ou néfaste pour les muqueuses, si elle est confiée à des mains inexpérimentées.

Une poulinière qui a un rejeton se sert avant tout de l'odorat pour identifier son propre petit et le distinguer de celui des autres femelles. Cette aptitude a été mise en lumière par des tests écartant pour les juments toute possibilité de recourir à des indices visuels ou vocaux. Il ne s'agissait pas de prouver qu'une jument est incapable de reconnaître son poulain par l'apparence ou par la voix, mais que, dans le noir, quand tout est calme, elle peut repérer son petit par l'odeur. Des observateurs de chevaux sauvages ont remarqué que les juments sont toujours à renifler leurs petits, jour après jour, vérifiant sans arrêt leurs qualités olfactives. Cette préoccupation tient sans doute au fait qu'en grandissant, l'odeur personnelle des poulains change légèrement, ainsi que leur aspect, de sorte que les mères éprouvent constamment le besoin de se tenir informées.

Pour ce qui est du goût, indépendamment de l'odorat, les chevaux distinguent les quatre réactions courantes : l'amer, le sucré, le salé, l'aigre. En l'occurrence, leurs réactions semblent être comparables aux nôtres, avec toutefois une plus grande tolérance pour l'amer. Ils consomment gaiement des aliments qui nous paraîtraient d'une amertume intolérable. Pour le reste, leurs goûts sont assez proches des nôtres. Ils sont tout à fait capables d'avoir une faiblesse pour les douceurs, comme les propriétaires de chevaux le savent bien, avec un penchant notable pour les morceaux de sucre et la menthe. Curieusement, ce goût n'est pas aussi accentué chez les très jeunes. Peut-être cette attirance pour les friandises chez les animaux adultes s'explique-t-elle par les marques d'amitié et les instants privilégiés qui les accompagnent habituellement.

Le cheval a-t-il une bonne vue?

Le plus frappant dans l'œil du cheval, c'est sa taille énorme, deux fois celle de l'œil humain. Cet organe est un des plus gros du règne animal, plus gros même que celui de l'éléphant ou de la baleine. Il possède également un dispositif d'intensification de la lumière – le *tapetum lucidum* –, couche qui renvoie la lumière sur la rétine et lui permet d'avoir dans la pénombre une bien meilleure vision que celle de son cavalier. En raison de cette particularité, l'œil du cheval « luit » la nuit à l'instar de celui du chat.

Ces deux facteurs associés – œil énorme et couche réflectrice – amènent à une conclusion incontournable : le cheval est un animal nocturne! Quiconque a étudié le zèbre en liberté ne sera pas surpris par cette révélation, car les troupeaux de zèbres sont extrêmement actifs dans la grisaille de l'aube et entre chien et loup, où ils voient manifestement beaucoup mieux que les êtres humains. Mais nous avons tellement l'habitude de penser au cheval domestique comme à un animal diurne que nous négligeons cet aspect important de sa vie sauvage. Les cavaliers qui se sont aventurés à faire sauter leur monture au clair de lune racontent que, si l'expérience est éprouvante pour les nerfs, le compagnon à quatre pattes a joué son rôle sans le moindre effort.

Que le cheval soit naturellement actif la nuit n'implique pas qu'il soit naturellement inactif le jour. Bien au contraire, plus actif encore en plein jour, c'est un animal fortement diurne et nocturne. Durant les longues périodes de veille, l'œil du cheval balaie perpétuellement l'horizon, à l'affût d'éventuels ennemis. Son œil est du reste merveilleusement conçu pour être hypersensible aux moindres mouvements dans le lointain. Aujourd'hui même, après avoir vécu toute sa vie dans un univers dépourvu de lions, le cheval domestique peut encore être pris de panique parce qu'il voit soudain une feuille de papier qui frémit dans le vent, juste à la limite de son champ visuel. Les vieilles peurs ont la vie dure.

Son vaste champ visuel lui est d'un grand secours dans sa veille. Le cheval a une vision à 340 degrés sur les 360 qui l'entourent, avec seulement deux petits points morts, juste devant lui et exactement derrière lui. C'est pourquoi il ne faut surtout pas approcher un cheval directement par-derrière ou de face. En se rendant compte brusquement d'une présence à ses côtés, quand une main invisible le caresse ou le flatte, il risque d'être pris au dépourvu. Il faut toujours l'aborder légèrement de biais, où il peut vous voir parfaitement.

Comme les yeux sont disposés de chaque côté de la tête, il ne voit normalement pas les objets en profondeur, avec une vision binoculaire. Il les voit à plat, comme lorsque nous fermons un œil. Il voit également moins de détails que nous, mais il est beaucoup plus sensible que nous au mouvement.

Malgré cette vision latérale prédominante, le cheval est capable de voir une bande étroite en trois dimensions s'il regarde droit devant lui. Mais, en raison de son profil allongé, cette vision binoculaire ne peut se faire qu'à une distance de plus de deux mètres devant la tête de l'animal.

Il y aurait là de quoi refroidir plus d'un jockey, car cela signifie qu'à chaque fois qu'il fonce sur un obstacle, il le franchit sur une monture aveugle. Quand il s'approche, le cheval voit l'obstacle, mais au dernier moment, celui-ci disparaît, bloqué par l'obstruction de la tête de l'animal. Pour reprendre une comparaison relevant de l'aviation, nous dirons qu'il saute au radar. Il voit l'obstacle venir vers lui et il mémorise sa situation tandis qu'il fonce à l'aveuglette. C'est pourquoi un cheval qui saute trop court se jette contre l'obstacle comme s'il ne l'avait pas aperçu. Dans ce cas, il se trouve que quelque chose a un instant attiré l'attention de l'animal et l'a distrait, le laissant sans défense contre l'obstacle qui se précipitait à sa rencontre. Une étude attentive des chevaux de steeple-chases fait apparaître que l'animal essaie souvent de tourner légèrement la tête au dernier moment, pour tenter d'apercevoir avec un œil au moins l'obstacle qu'il franchit. Il n'y a pas de mal à cela, à condition qu'il ne tourne pas la tête trop tôt, ce qui lui ferait perdre les informations de profondeur, d'une importance primordiale, puisque ce sont elles qui doivent lui permettre d'évaluer la longueur du saut à effectuer et de calculer son élan.

Pendant nombre d'années, on a prétendu que les chevaux étaient daltoniens. Tel n'est pas le cas, même s'ils ont une perception des couleurs beaucoup plus faible que la nôtre. D'après les expériences les plus récentes, ils réagissent très bien aux jaunes, puis aux verts, aux bleus et, en tout dernier lieu, aux rouges.

En pleine lumière, lorsque le cheval rétracte ses pupilles, il y a une différence frappante avec la réaction de l'homme. Chez nous, la pupille circulaire devient simplement plus petite, jusqu'à ne plus former qu'un minuscule point noir.

Chez le cheval, la pupille se réduit à une fente. Mais au lieu d'une fente verticale comme chez le chat, elle forme une fente *horizontale*. Il s'agit là d'une adaptation particulière aux besoins du cheval qui doit voir à tout moment le lointain. Les pupilles peuvent se rétrécir à cause de la lumière, mais elles conservent le même angle de champ.

Enfin, jusqu'à quelle distance le cheval peut-il voir nettement? La réponse est étonnante. Dans un concours entre cavaliers ayant des montures arabes, il a été établi qu'un cheval pouvait reconnaître son propriétaire parmi d'autres hommes à une distance de plus de trois cents mètres. Bien qu'on ignore comment il procède, on suppose qu'il identifie probablement des gestes caractéristiques plutôt que des détails. Quoi qu'il en soit, cette aptitude souligne le fait que l'œil du cheval est un organe tout à fait remarquable.

Les chevaux dorment-ils beaucoup?

Les animaux ont des besoins de sommeil extrêmement variables. Les chats sommeillent pendant seize heures par jour – deux fois plus que nous. De leur côté, les chevaux dorment moins de trois heures sur vingt-quatre – presque le tiers de notre repos quotidien. La différence entre un chat et un cheval est, bien entendu, que le chat est un prédateur alors que le cheval est une proie. Le cheval doit toujours être sur le qui-vive et ne peut s'offrir le luxe d'un sommeil prolongé. Il préfère de longues périodes de repos pendant lesquelles il ne s'endort pas.

Une analyse attentive d'étalons vivant en stalles révèle qu'en moyenne, une journée se répartit pour eux de la manière suivante : dix-neuf heures et quart en état de vigilance, deux heures de somnolence sans dormir, deux heures de sommeil léger, trois quarts d'heure de sommeil profond.

La structure du sommeil est également différente de la nôtre. Non seulement l'animal dort moins longtemps que nous, mais cette activité est fractionnée. Il y a environ neuf périodes de repos profond, de cinq minutes chacune. Le sommeil léger est plus fragmenté encore, les deux heures étant composées de trente-trois petits sommes de trois minutes et demie chacun.

Le secret du cheval est qu'il peut, contrairement à nous, se reposer debout. Il n'a pas besoin de faire constamment de l'équilibre pour résister à une activité qui nous oblige à nous allonger huit heures par nuit. Cela est confirmé par le fait que le cheval ne se couche en tout que deux heures sur vingt-quatre. En fait, il est plus facile pour lui de se reposer debout. La position allongée exige une plus grande dépense d'énergie, en raison de la pression du sol contre le corps pesant du cheval. La circulation sanguine et la respiration s'effectuent plus difficilement. Les femelles adultes passent encore moins de temps dans cette position que les mâles et les jeunes.

Comment le cheval se nourrit-il?

Cela peut paraître une question simple, mais il est surprenant de voir à quel point le comportement alimentaire des chevaux suscite de malentendus. Les animaux domestiques ont rarement la faculté de se nourrir naturellement et les effets de cette situation sont souvent déplaisants. Pour comprendre ce dérapage, il est utile d'étudier les habitudes alimentaires des chevaux sauvages vivant en liberté.

Le premier fait frappant est que, en pleine nature, le cheval passe seize heures par jour à paître. Des observateurs courageux, qui sont allés sur le terrain, ont constaté qu'il mangeait même dans le noir – jusqu'à minuit – pour recommencer dès le matin. Il arrache l'herbe lentement et d'une manière sélective, car le cheval isole la végétation à l'aide de ses lèvres étonnamment mobiles et actives, examinant et choisissant exactement les plantes qui lui conviennent et repoussant les autres avec une extrême dextérité. Il recherche la variété. Même si l'herbe constitue l'essentiel de son alimentation, il accepte également des fleurs, des fruits, des baies et des noix, quand le cœur lui en dit. Quand il se trouve au bord de l'eau, il se repaît de plantes aquatiques. Si la terre est stérile, il gratte le sol pour y trouver des racines. Si l'herbe est rase, il grignote les feuilles. En d'autres termes, quand il a le choix, il adopte un régime herbivore intéressant et varié.

Il mange beaucoup plus lentement que les bovins, et

cela n'est pas sans raison. L'estomac du cheval est relativement petit et, contrairement aux vaches, il n'en possède qu'un. Les vaches broutent pendant huit heures par jour, dévorant et déglutissant rapidement, puis elles passent huit heures encore à ruminer, ramenant dans leur bouche des paquets d'aliments non digérés pour une mastication prolongée. En revanche, le cheval broute, mastique, ingurgite, puis digère peu à peu. Il est mal à l'aise quand il a l'estomac vide et comme celui-ci est de faible volume, il a rarement l'occasion de se détendre.

Fait déconcertant, le cheval ne peut pas vomir. Il en est simplement incapable, car des valves spéciales ne fonctionnant que dans un sens empêchent les aliments de refluer quand ils sont dans l'estomac. C'est pourquoi il doit sélectionner les plantes avec le plus grand soin, car s'il avale un aliment toxique, il ne peut s'en débarrasser en le « rendant ». Personne ne sait d'où vient ce défaut dans l'anatomie du cheval, mais son existence le rend totalement vulnérable aux nombreuses plantes empoisonnées et autres substances nocives de son environnement.

Étant donné que son comportement alimentaire dans la nature lui impose de paître pendant des heures une herbe variée, à quoi ressemble le régime de l'écurie comparé à celui de l'animal en liberté? En deux mots, à rien. A l'écurie, le cheval reçoit normalement trois rations d'avoine par jour – comme les humains, en somme – et le reste du temps, il doit rester debout à s'occuper d'autre chose. Cela ne veut pas dire que l'animal est sous-alimenté sur le plan nutritionnel. Le fourrage qu'on lui donne est concentré et de qualité supérieure. En revanche, l'animal subit un manque sur le plan du comportement, manque dont les effets sont bien connus. Le cheval d'écurie, nourri artificiellement de cette manière, court le risque de présenter ce qu'on appelle, injustement du reste, des *tics.*

Parmi les tics d'écurie les plus fréquents, il y a le tic rongeur, le tic aérophagique, et d'autres, moins fréquents : claquer des lèvres, avaler sa langue, manger le crottin, manger sa litière et mâchonner des chiffons. Ce sont là des gestes que les chevaux accomplissent pour soulager l'ennui qu'ils éprouvent à rester simplement debout, immobiles, dans un petit box aride et surtout pour remplacer les longues heures passées à paître, qui leur manquent. Il ne sert à rien de donner rapidement au cheval tous les éléments nutritifs dont il a besoin, puisque chaque cheval a une « durée de pâture » génétiquement programmée sur douze heures par jour au moins, voire seize. Il a besoin d'accomplir cette activité nutritionnelle, indépendamment de la faim proprement dite. Lui donner une nourriture riche qu'il peut avaler rapidement va contre sa nature profonde. Le cheval est, d'une manière fondamentale et irréversible, un adepte de l'alimentation *pauvre.* Il est programmé pour passer des heures à consommer des éléments nutritifs riches en fibres et en cellulose, et nul n'y pourra rien changer. C'est ainsi que l'on aboutit à cette façon de « broyer du vide », manger quand il n'y a pas à manger, ronger la mangeoire, grignoter le bois des portes de l'écurie, avaler l'air qui détend l'estomac et donne l'impression qu'il est plein même quand il ne l'est pas, absorber du crottin qui met au moins un peu de diversité dans le menu en y apportant un parfum nouveau.

Heureusement, ces tics n'apparaissent pas chez la majorité des animaux vivant à l'écurie, même s'ils sont plus ou moins présents dans presque tous les établissements réservés aux chevaux. La plupart des chevaux recevant un fourrage de haute qualité parviennent à s'adapter à ce régime artificiel. Bien que le besoin de passer la journée à paître soit toujours là, il est réprimé. Il peut se manifester de manière inattendue, quand un cheval « ne profite pas », ou par un caractère « ombrageux et extrêmement nerveux ». Nombre des problèmes des chevaux d'écurie, même s'ils n'ont pas l'air d'avoir de rapport direct avec la nourriture, sont liés en réalité à leur régime alimentaire actuel, tout à fait artificiel. Mais les chevaux sont des animaux d'une grande souplesse, qui font de leur mieux pour s'accommoder des bizarreries des habitudes humaines qui se traduisent pour eux par trois repas fixes par jour.

Peut-être cela vaut-il mieux, du reste, car s'ils étaient livrés à eux-mêmes, ils risqueraient de grossir énormément et d'adopter peu à peu la silhouette ventrue des zèbres, plutôt que le profil élancé du coursier. Dans la nature, il est vital pour le cheval de rester confortablement rembourré, ne serait-ce qu'en raison des périodes difficiles qu'il connaît chaque année. Cela va du froid glacial des régions nordiques pendant l'hiver, où passer seize heures par jour à paître ne vous permet pas d'avaler grand-chose, à la sécheresse désertique des régions plus chaudes, où il faut gratter le sol interminablement avec les sabots pour recourir finalement à ronger l'écorce des arbres et à d'autres solutions d'urgence. Pour résister à ces périodes de vaches maigres, les chevaux sauvages ont besoin d'être gras – un peu trop gras au goût d'un cavalier tatillon et beaucoup trop gras pour plaire à un entraîneur sérieux.

Le problème est donc insoluble. Pourtant, il serait possible d'y remédier, en partie au moins, en recourant à quelques astuces, par exemple en procurant aux chevaux une alimentation moins riche et plus difficile à obtenir.

Il a été envisagé d'accrocher le fourrage dans un filet à petites mailles, où le cheval devrait passer des heures à tirer de petites quantités d'herbe. Un peu d'imagination pourrait faire entrer à l'écurie quelques-uns des comportements alimentaires de l'animal en liberté, un premier pas qui pourrait avoir des effets remarquables sur le caractère des animaux domestiques.

Comment est organisée la société des chevaux?

Les chevaux sont des animaux hautement grégaires, qui souffrent autant que nous de l'isolement. Cette vérité est trop souvent ignorée des propriétaires, qui ont l'air de croire que leur propre compagnie suffit. Des spécialistes plus attentionnés, qui ont fait l'essai de mettre ensemble des étalons et des juments, ont découvert que des groupements naturels améliorent le développement des « aptitudes sociales » chez le cheval. Celui-ci résiste mieux au stress. Il est plus détendu quand il se trouve dans un environnement étranger et, d'une manière générale, il possède une personnalité plus équilibrée que l'animal maintenu dans l'isolement plus traditionnel du box. Les réactions de dominance, que l'on redoute entre chevaux partageant un même lieu, sont grandement surévaluées. L'amitié semble leur importer autant que les questions de hiérarchie. Pour en comprendre la raison, il faut considérer comment des troupeaux de chevaux sauvages ou retournés à l'état sauvage s'organisent sur le plan hiérarchique.

Les hordes vivant en liberté sont composées d'un nombre variable d'individus allant de deux à vingt et un, mais la grande majorité comprend entre trois et sept animaux. Un groupe type est constitué d'un étalon adulte, de ses juments et de leurs poulains. En d'autres termes, c'est une espèce qui vit en harem, l'étalon refusant à d'autres mâles adultes le droit de s'approcher de ses femelles. Les juments sont fortement protectrices à l'égard de leurs petits durant leur première année, puis, quand un nouveau foal arrive l'année suivante, le rejeton plus âgé se trouve en difficulté. D'autant plus, du reste, si c'est un jeune mâle. Quand le poulain atteint dix-huit mois environ, l'étalon se met à l'agresser et l'écarte du troupeau. Il est contraint de se retirer à une certaine distance et forme alors un petit groupe avec les autres jeunes mâles. Quelques pouliches subissent le même sort, mais l'étalon se montre moins agressif à leur égard. Leur départ pourrait s'expliquer simplement par le fait qu'il les néglige et n'essaie pas de les garder rassemblées autour de lui avec les juments adultes. Les pouliches en profitent pour s'éloigner et se joindre au groupe des jeunes célibataires. Un mâle va bientôt émerger à l'intérieur de ce nouveau groupe et, avec le temps, un nouvel étalon va s'affirmer comme le maître de ce harem et rassembler autour de lui quelques autres pouliches, après s'être débarrassé de ses anciens compagnons.

Une autre possibilité s'offre au jeune étalon plein d'ardeur isolé dans un groupe de jeunes. Il peut jeter un défi à un mâle installé depuis longtemps à la tête de son harem. Ce type de tentatives conduit toujours à des combats sérieux entre le vieux roi et le jeune prétendant. Le vieux roi l'emporte toujours, sauf s'il est affaibli par l'âge, s'il a été blessé ou s'il est en mauvaise santé. Dans ce cas, il peut être incapable de battre le jeune mâle vigoureux et de le mettre en déroute. Ce sera à lui de s'éclipser en abandonnant ses chères juments à la garde du nouveau venu.

Si l'étalon dominant n'a pas été désigné, jusqu'ici, comme celui qui est « à la tête » du groupe, c'est qu'il le suit plutôt qu'il ne le conduit. S'il est le patron, il n'est pas un tyran. Son rôle est celui d'un organisateur de groupe dur à la tâche. Cependant, c'est la horde qui décide de bouger et souvent aussi de la direction à prendre. L'étalon, les voyant s'éloigner, suit derrière en les gardant à l'œil. Il ne peut courir le risque de les voir s'approcher d'un jeune, auquel elles pourraient s'intéresser. Bon gré mal gré, il leur emboîte le pas. Des études attentives de troupeaux sauvages ont permis de constater que, dans soixante-treize pour cent des cas, le cheval à la traîne du groupe est l'étalon.

Parfois, c'est un des jeunes qui prend l'initiative de changer d'orientation. Les poulains sont d'un naturel très curieux et il leur arrive de foncer à toute allure pour aller voir de près quelque chose de nouveau. Chose amusante, ils s'immobilisent souvent en route pour attendre qu'un cheval plus âgé se lance à leur poursuite et les rattrape. Il leur est ainsi possible de prendre l'initiative sans attenter à la dignité de leurs aînés, selon le principe que les anciens peuvent se ranger à l'idée d'un plus jeune à condition qu'on leur fasse croire qu'elle vient d'eux.

Bien que l'étalon se contente la plupart du temps de traîner derrière le troupeau de femelles et de poulains, il veille à la cohésion du groupe, tenant un peu le rôle d'un chien de berger attentif. S'il autorise le troupeau à se déplacer, il ne le laisse pas se disperser. Il le rassemble en courant autour d'une manière agressive, les oreilles couchées, l'encolure tendue, agitant la tête en tous sens. Son grand moment d'animal dominant se produit quand surgit un mâle étranger. C'est alors, et alors seulement, qu'il commence à se conduire en maître du harem, prenant position entre l'intrus et ses femelles, prêt à la bagarre.

Mais son agressivité est entièrement dirigée contre l'autre mâle. Il adopte généralement une attitude protectrice envers l'ensemble du troupeau.

En revanche, ce comportement change en cas de surpopulation. Les étalons, qui ont toutes les chances de tomber sur des mâles étrangers quand la horde change de place, doivent rester vigilants. Il leur appartient alors de prendre la tête des opérations et, dans ce type de situation, c'est le mâle qui, dans soixante-dix-sept pour cent des cas, conduit le troupeau, passant de la position de suiveur à celle de guide.

L'étalon peut bénéficier de l'aide des juments et des jeunes pour mettre les intrus en déroute, mais il en a rarement besoin. Ses juments peuvent aussi chasser des femelles étrangères qui essaient de se joindre au harem, ou il peut lui-même les repousser. Cela se produit sans doute quand il en a déjà plus qu'il ne lui en faut, car il ne saurait laisser son harem grossir au point qu'il ne pourrait le surveiller et l'assumer sans s'épuiser.

On a longtemps considéré qu'il y avait, à l'intérieur de chaque groupe, un « ordre hiérarchique » rigide, un système de dominance et de subordination signifiant que chaque animal connaissait toujours exactement sa place par rapport aux autres. Nous savons maintenant que ce n'est pas tout à fait vrai. Il règne, en fait, un système variable, changeant, de relations de dominance, où le contexte joue toujours un rôle essentiel. Un animal peut en dominer un autre dans un contexte social donné et lui être inférieur ou égal dans un autre. Ces complications tiennent au fait que les chevaux ont des tendances grégaires affirmées. Ils peuvent se lier d'une affection très forte avec un autre et, quand une amitié puissante s'instaure, elle peut perturber l'ordre hiérarchique de dominance simple et normal, qui devient plus compliqué. Des études attentives ont permis de constater que l'attachement entre une mère et sa progéniture, entre deux frères ou deux sœurs est souvent beaucoup plus prononcé qu'on ne s'y attendrait et aboutit à des relations spéciales qui ne tiennent pas compte des règles habituelles. On est donc en présence d'une société fondée sur les amitiés et une dominance variable selon le contexte, plutôt que sur une dominance formelle et rigide.

Cette affirmation ne saurait surprendre ceux qui ont eu l'occasion d'observer des chevaux réunis en troupeaux, au lieu d'être isolés dans des boxes. Ils auront remarqué que des animaux vivant en groupe, au pré ou en paddock, ne tardent pas à manifester toutes sortes de préférences caractéristiques pour certains compagnons et une antipathie pour d'autres. Ces préférences conduisent à de légères rivalités pour l'affection de l'un ou de l'autre, à de multiples associations et attachements curieux qui ne seront perturbés que si la place vient à manquer, si le nombre de chevaux devient trop important, amenant inévitablement une bagarre pour tel ou tel dispositif particulier. C'est alors que le lien étroit de l'amitié commencera à s'effriter et cédera. Le cheval est, au fond, un être serviable et paisible envers ceux de sa propre espèce et il fait preuve d'une douceur de caractère qui n'a que trop favorisé son exploitation par l'homme. Un animal moins sociable aurait renvoyé promptement se rhabiller les humains qui prétendaient le monter.

Comment les chevaux se manifestent-ils leur affection?

A l'instar de beaucoup de mammifères, les chevaux se manifestent leur amitié par des gestes de toilettage mutuel. La toilette par la jument est un des premiers plaisirs du jeune foal, qui vient juste après celui de se nourrir. Se faire doucement mordiller le pelage s'identifie bientôt à un moment de paix, de sécurité, d'amour maternel. En grandissant, le poulain continue d'associer toilettage et affection.

A sa naissance, le petit est léché soigneusement par sa mère pendant une demi-heure environ. Ensuite, le léchage disparaît presque complètement pour ce qui est de la toilette, pour être remplacé par de petites morsures délicates qui servent à panser le pelage en démêlant les touffes de nœuds, en le débarrassant des poils morts, des squames et en débouchant les pores pour favoriser la transpiration. Quelques jours plus tard, le foal peut se permettre de mordiller à son tour la jument. Au commencement, toutefois, ces tentatives restent rares et espacées. L'échange de ce type le plus précoce dont on ait la trace est intervenu entre un petit de trois jours et sa mère, mais c'est exceptionnel. Il devient généralement plus fréquent au bout d'une semaine et les séances se multiplient au cours du mois suivant. Outre sa mère, le jeune animal peut se livrer au même jeu avec un autre foal, pendant des intermèdes qui peuvent durer plusieurs minutes. Cette activité atteint son paroxysme lorsque le foal est âgé de trois à quatre mois.

Ce système d'entraide remontant à la première enfance, les chevaux adultes continuent d'y recourir toute leur vie durant. Les séquences ne durent normalement que quelques instants, mais elles peuvent aussi se prolonger pendant une demi-heure. Pour des humains qui observent un troupeau d'animaux adultes en liberté, ces gestes peuvent servir à repérer les relations à l'intérieur du groupe. Plus des chevaux sont amis, plus ils se font mutuellement la toilette. Des chevaux rivaux s'autorisent rarement ce schéma de comportement. Le plus faible des deux est sans doute celui qui ouvre la séance, puisque des études précises ont permis d'apprendre que, dans soixante-deux pour cent des cas, c'est le subordonné qui aborde l'animal dominant. De plus, c'est presque toujours le cheval dominant qui met le point final.

Chaque séance commence ainsi : les deux animaux se reniflent puis, chacun regardant dans la direction opposée, ils se rapprochent l'un de l'autre pour pouvoir mordiller la crinière du partenaire. C'est la partie du corps où ce type d'échange intervient le plus fréquemment, puisqu'elle représente soixante pour cent des cas. A cela, deux raisons : la crinière est l'endroit le plus difficile à nettoyer pour son propriétaire, alors que ses longs crins requièrent plus d'entretien que les poils corporels, plus courts. Après la crinière, le mordillement se poursuit sur le côté de l'encolure, les épaules et le dos, jusqu'à la base de la queue – autant de régions difficiles d'accès sans l'aide d'un ami. Un cheval solitaire peut se rouler par terre, se frotter contre une branche d'arbre ou contre un tronc, mais ce sont des expédients grossiers, rudimentaires. Seul le mordillement bien réglé d'un toilettage mutuel peut véritablement venir à bout d'une irritation localisée.

Quelquefois, après avoir parcouru un côté du corps, les deux compagnons se tournent et répètent l'exercice sur l'autre face, en commençant de nouveau par la tête. Ce sont ces séances complètes qui peuvent durer trente minutes, mais elles sont rares. Dans quatre-vingt-dix pour cent des cas, les séquences n'excèdent pas trois minutes. Leur fréquence varie avec les saisons. Elles sont plus fréquentes au printemps et en été. La pointe du printemps coïncide avec la chute du pelage d'hiver et la seconde pointe, qui atteint son paroxysme en été, s'explique par la recherche des lieux ombragés. Amenés à se rassembler en groupes paisibles, qui se serrent à l'ombre protectrice des arbres, les chevaux sauvages se fourrent littéralement sous le nez l'un de l'autre, ce qui favorise quelques échanges supplémentaires.

Outre le mordillement, les chevaux importunés par des insectes s'administrent l'un à l'autre des coups de queue. Debout côte à côte par une chaude journée d'été, où l'on entend le bourdonnement incessant des mouches, ils administrent des coups de queue sur le visage de leurs compagnons. Ce sont parfois des groupes entiers de chevaux qui s'accordent mutuellement cette faveur, nettoyant l'air environnant de ces indésirables. Des études détaillées sur des chevaux sauvages ont permis de constater que ceux vivant en groupe, où ce comportement était possible, étaient beaucoup moins gênés par des morsures de taons que les animaux isolés.

Ces gestes d'entraide sont tellement caractéristiques de relations d'amitié qu'ils se poursuivent même lorsque la robe est impeccable et ne nécessite aucun soin particulier. Le toilettage est devenu une fin en soi, un geste de « communion », le symbole d'un lien entre compagnons. C'est pourquoi le pansage du cheval par ses propriétaires humains est d'une importance capitale. Il ne s'agit pas seulement de veiller à la propreté de l'animal. Dans l'esprit de celui-ci, les séances prolongées du pansage sont le signe que son compagnon humain est un véritable ami. Ainsi s'établit un lien émotionnel étroit entre les deux et, en fonction de cela, le cheval cherchera toujours à faire plaisir au cavalier quand ils partiront en randonnée. Si le cavalier et le groom sont deux personnes différentes, le cheval sera moins attaché à celui qui le monte.

Hormis les séances de pansage élaborées auxquelles se livrent cavaliers et cavalières aguerris, il existe un autre aspect du comportement naturel des chevaux que l'être humain peut tourner à son avantage. Quand un homme rencontre pour la première fois un cheval qu'il ne connaît pas, la méfiance et la peur de l'animal peuvent être apaisées par quelques gestes de rassurance qui évoquent le début des séances de toilettage réciproque entre équidés. Le meilleur moyen d'aborder l'animal consiste à lui renifler les naseaux, avant de lui « grignoter » la crinière du bout des phalanges, le pouce et les autres doigts recourbés faisant office d'incisives dans la bouche chevaline d'un camarade bien intentionné. En pratiquant ce geste de grignotage de haut en bas sur la crinière, vous indiquerez au cheval que vous voulez être ami et cette façon de le dire sera beaucoup plus explicite pour lui que les caresses et flatteries habituelles. L'unique inconvénient de la démarche est que, victime de son propre succès, l'homme ou la femme risque de recevoir en retour les mêmes hommages de la part du cheval. Tournant la tête aussi loin que possible, il peut vous retourner le compliment d'un élan si vigoureux que vos habits ne s'en remettront pas.

Comment les chevaux font-ils leur cour?

Quand les journées s'allongent, au printemps, les juments entrent en chaleur. Leur système hormonal est activé par l'augmentation de la lumière naturelle. On peut les accoupler de mars à septembre, leurs chaleurs revenant toutes les trois semaines, jusqu'à ce qu'un étalon les ait fécondées. Chaque période de chaleur dure environ cinq jours, l'ovulation même se situant le quatrième jour. Il existe toutefois diverses variations sur le même thème quand il s'agit de juments domestiques.

On reconnaît qu'une jument est en chaleur par le fait qu'elle se met à uriner plus souvent. Son urine contient des substances qui excitent l'étalon. Leur parfum agit comme un puissant aphrodisiaque qui provoque, chez le mâle, ce curieux faciès, la réaction de Flehman, où il retrousse la lèvre supérieure et renifle l'air intensément.

Attiré par l'odeur, il s'approche de la jument. Chez lui, l'afflux d'hormones sexuelles amène un grossissement des muscles de l'encolure et des épaules : c'est l'allure macho, façon cheval. En outre, il arque l'encolure tandis qu'il s'approche de la jument, le nez rentré et l'encolure étroitement recourbée, explosant de tout son charme. Il pousse des hennissements longs et puissants, redresse la queue et se met à danser autour de la femelle. Cette curieuse parade amoureuse consiste à caracoler autour de la jument, en relevant haut genoux et jarrets. En fait, l'étalon est en proie à un conflit intérieur qu'il a du mal à résoudre, il est partagé entre le désir sexuel et la peur.

Pour comprendre pourquoi un étalon puissant peut redouter la jument, il suffit d'observer ce qu'il se produit lorsqu'un jeune mâle inexpérimenté n'écoute que son impatience. Tandis qu'il s'approche par-derrière de la jument, celle-ci se met soudain à ruer en couinant fortement. Ces vigoureux coups de pied peuvent provoquer de sérieux dégâts chez l'imprudent, de sorte que les plus aguerris apprennent à guetter attentivement les signes favorables de la part de la femelle.

Quand elle n'est qu'à moitié prête pour la monte, la jument se montre volontiers taquine. Elle adresse des signes au mâle en urinant, relève genoux et jarrets, reste debout à attendre, cligne – mais pas de l'œil! Puis, quand il s'approche, tout excité, la jument fait brusquement demi-tour, pousse des cris aigus et le chasse par des ruades. Comment s'étonner, dans ce cas, que le mâle fasse sa cour avec un mélange de désir et de peur également intenses? Tiraillé entre ces états d'esprit contradictoires, il reste à une distance respectable tant qu'il n'est pas absolument certain que la femelle est prête à rester tranquille quand il l'approchera. Au début, il évite sa croupe – et les formidables ruades éventuelles. Il se dirige vers l'encolure et commence par distraire son attention en lui accordant amicalement quelques soins, frottant et fourrageant entre les crins. Avec prudence, il procède vers l'arrière jusqu'à ce qu'il puisse s'aventurer à renifler, lécher et mordiller sa croupe, sa queue et ses postérieurs. Pour varier, il peut aussi frotter son épaule contre la croupe de la jument.

Plus la femelle est prête, plus elle cligne à l'adresse de l'étalon. Toutefois, contrairement à l'être humain, elle ne cligne pas avec les yeux, mais avec la vulve, qui s'entrouvre légèrement pour laisser apparaître un peu de chair rose et se referme. Cela excite d'autant plus le mâle. Dès lors, si elle reste tranquille, le dos arc-bouté, la queue relevée sur le côté, il peut se risquer à la monter. A ce moment-là, devant l'absence d'agressivité de la jument à son égard, sa peur s'apaise, ce qui lui permet d'avoir une érection. Or, quand il la monte par-derrière, il lui faut manœuvrer son énorme pénis long d'une cinquantaine de centimètres pour l'amener dans la bonne position pour la pénétration. Il peut ne pas y arriver du premier coup, mais dès qu'il y parvient, la copulation en tant que telle est expédiée en quelques secondes. Les opinions divergent sur cette durée, sans doute parce que les spécialistes concernés n'ont pas observé les mêmes races de chevaux. L'un indique une fourchette allant de douze à vingt-six secondes, l'autre de quatorze à quarante-trois, et un troisième de cinq à soixante. L'accouplement typique se déroule de la manière suivante : le mâle monte la femelle, exécute sept rapides poussées pelviennes, puis éjacule, le tout prenant neuf à seize secondes au total. Tandis qu'il éjacule, avec six à neuf jets, sa queue monte et descend comme le drapeau annonçant l'arrivée des courses. Ce mouvement de la queue indique aux propriétaires en observation que la femelle reçoit le sperme et que la fertilisation ne saurait tarder. Après une trentaine de secondes, le mâle descend. Une minute après avoir pénétré la femelle, son pénis se rétracte et il va paître un peu plus loin.

Dans de rares cas où la femelle est plus désireuse que le mâle de s'accoupler, la jument s'approche de l'étalon, le mordille et lèche le fourreau – d'où le pénis, qui n'est pas encore en érection, n'a pas surgi. Ce geste peut avoir l'effet espéré, mais il s'agit le plus souvent de mâles repus, qui n'ont plus du tout envie de s'accoupler. L'étalon type arrive à saturation au bout de trois montes par jour. Au-delà, la plus ardente des juments a peu de chances de l'intéresser. On a vu un étalon d'une vigueur exceptionnelle, vivant en liberté, copuler six fois en un jour avec trois juments différentes.

Si l'acte de l'accouplement en tant que tel paraît quelque peu abrégé, il ne faut pas oublier que le secret de la survie, pour le cheval sauvage, est sa vivacité à échapper au danger. Le jour durant, il doit être sur le qui-vive, toujours prêt à s'élancer dans une fuite éperdue. Si les rapports sexuels impliquaient une saillie prolongée – comme c'est le cas pour d'autres espèces, comme les chiens – ils mettraient le cheval à la merci des prédateurs. Pour cette espèce qui vit avec la peur chevillée au corps, les échanges émotionnels, aussi intenses soient-ils, se doivent d'être brefs. C'est peut-être pourquoi le mâle a un pénis aussi impressionnant, la stratégie sexuelle de l'espèce misant sur l'intensité de la stimulation pour déclencher un orgasme presque instantané.

Les chevaux ont-ils des préjugés de couleurs?

Certains trouveront peut-être cette question saugrenue. Allons donc, les chevaux ne sont pas racistes! Eh bien, justement, si. On a constaté que des étalons ne s'accouplent qu'avec des juments d'une certaine couleur. Les autres ne comptent pas pour eux sur le plan sexuel.

Une étude attentive de chevaux retournés à l'état sauvage aux États-Unis a permis de constater que divers étalons réunissaient autour d'eux des juments de couleurs différentes pour former leur harem. Tel mâle marquait un penchant pour les juments isabelle, un autre pour les baies. Un autre encore préférait les juments de teinte très pâle. On ne sait pas vraiment comment expliquer cette attirance, mais on suppose qu'elle est sans doute liée à la couleur de la robe de la mère de l'étalon qui, tout petit, s'est attaché à elle, cet attachement devenant une obsession en se transposant, chez le mâle adulte, dans un contexte purement sexuel.

Ces goûts et ces couleurs ne seraient qu'une simple curiosité si l'étalon de compétition n'était pas censé couvrir chacune des juments de haut niveau qui lui sont présentées. Pourtant, de temps à autre, il refuse de réagir devant une jument, laissant les propriétaires complètement désemparés. Dans ce cas, il y a une solution : apporter, avec l'étalon qui fait le difficile, une couverture de la couleur de la robe de sa mère dont on recouvrira avant l'accouplement la femelle qui lui répugne. Sinon, il faut s'efforcer de dissimuler le mieux possible le pelage de la jument incriminée.

Le cas le plus célèbre est celui d'un étalon de compétition, descendant d'un vainqueur du Derby, qui refusait avec obstination de monter des juments grises. Little Cloud n'acceptait de rendre ses hommages à ces femelles que si une étoffe quelconque cachait à ses yeux cette blancheur qui l'offensait.

Ce genre de stratagème n'est pas très compliqué à mettre au point car, en ce qui concerne les étalons de haut niveau, les malheureux animaux se voient refuser le plaisir de s'accoupler librement. On estime que le risque est trop grand pour l'étalon qui pourrait être blessé par une ruade. En somme, les joies du succès ne sont pas celles que l'on croit.

La jument, dans ce contexte, reçoit la visite d'un « agaceur », qu'on appelle également « souffleur » ou « boute-en-train », un entier sans intérêt chargé de préparer le terrain pour qu'elle soit dans l'état érotique convenable – et d'humeur accueillante – lorsque le grand champion se présentera. On l'amène alors et on le pousse aussitôt à la monter, sans aucun préliminaire. Si elle fait le moindre geste inquiétant, on lui recouvre les postérieurs de manière à amortir les coups au cas où elle déciderait de frapper, ou on l'entrave, de sorte qu'elle est totalement incapable de résister aux précieuses avances de la vedette. Pour ce qui est de la sexualité, mieux vaut être cheval dans un troupeau en liberté, que champion, aussi bichonné soit-il!

Comment la jument se comporte-t-elle avec son nouveau-né?

Quand l'interminable gestation touche à sa fin, la jument donne des signes d'agitation, indiquant ainsi que la mise bas est imminente. Ce comportement ne tient pas seulement à l'inconfort physique qu'elle éprouve, il reflète également un certain état d'esprit. La poulinière est anxieuse et ce n'est pas sans raison. Elle va être dans une position vulnérable, plus vulnérable que jamais. Le danger n'est peut-être pas énorme dans le cas d'un animal domestique tendrement chéri et jouissant des meilleurs soins, mais son lointain atavisme resurgit, lui conseillant la prudence au moment où elle va se trouver dans une situation d'impuissance complète. Dans la nature, pour un prédateur affamé, la jument qui met bas est une proie aisée et quelques mesures sont à prendre.

La jument a mis au point un système remarquable pour assurer son intimité au moment de la naissance. D'une certaine manière, que l'on ne comprend pas très clairement, elle est capable de contrôler le déclenchement des opérations, de manière à se trouver seule et dans le noir. Plus de quatre-vingt-dix pour cent des naissances chez les chevaux ont lieu au cœur de la nuit et, si la jument fait partie d'une horde, elle met bas à l'écart du groupe. Curieusement, la jument se met en quête, si possible, d'un endroit humide ou marécageux, comme si un sol boueux autour d'elle offrait un avantage particulier. Dans le cas de chevaux domestiques vivant dans un pré avec une mare, on sait que cet attrait conduit à la mort par noyade du foal, le malheureux étant expulsé directement dans l'eau. Mais, en liberté, cette curieuse attirance pour les lieux humides peut avoir un rôle plus utile et permettre, par exemple, à la jument de boire sans problème durant la période où elle sera affaiblie. Sinon, les régions marécageuses peuvent offrir une meilleure couverture pour le nouveau-né et représenter simplement la recherche d'une sorte de camouflage naturel.

Puisque la jument éprouve le désir d'être seule pour mettre son petit au monde, la présence de compagnons humains, prêts à lui apporter une aide le plus souvent superflue, ne peut que la déranger. La jument sait comment s'y prendre pour décourager les bonnes volontés : elle attend. Elle contrôle ses contractions et prend son temps. Finalement, pendant la nuit, quand la surveillance se relâche, les veilleurs s'éloignent quelques instants pour prendre un café. A peine ont-ils tourné le dos qu'elle expulse son rejeton. Nombre de propriétaires qui découvrent à leur retour le foal vacillant sur ses jambes croient qu'ils ont raté le grand moment parce qu'ils n'ont pas eu de chance. Mais s'ils comparaient leur expérience avec d'autres, ils auraient vite fait de comprendre que la chance n'a rien à y voir et que c'est simplement leur poulinière qui joue les Garbo.

Dans un troupeau en pleine nature, une naissance peut rapidement en déclencher d'autres, ce qui tendrait à prouver que les juments peuvent non seulement retarder le moment de la mise bas, mais aussi l'avancer un peu. C'est pourquoi il est difficile de donner un chiffre exact pour la durée de la gestation chez la jument. Dans un groupe en liberté, elle peut aller de 336 jours à plus de 392.

(Pour la jument à l'écurie, cette période va de 340 à 350 jours.)

Certains signes indiquent que la jument arrive à terme : elle tourne brusquement la tête comme pour regarder son flanc – pour réprimer sans doute les sensations étranges venant de là –, elle gratte le sol, transpire abondamment, s'agite, se couche et se relève. Parfois, elle donne des coups de pied contre son ventre avec ses postérieurs, comme agacée par la tension croissante qui s'y fait sentir. Finalement, elle s'allonge et l'expulsion commence. La poche amniotique apparaît d'abord, tel un ballon opaque, puis elle se déchire, tandis que les contractions de plus en plus rapprochées font éclater les enveloppes fœtales, libérant le liquide dans lequel le foal baigne avant sa naissance. La vue de ces eaux qui s'écoulent d'elle semble fasciner la jument, qui les renifle avec beaucoup d'attention, la lèvre supérieure retroussée, avec l'expression caractéristique de la réponse de Flehman. Cette grimace indique qu'elle hume avec attention l'odeur du liquide, cette vérification lui permettant de se familiariser avec son petit.

A présent, les membres antérieurs du foal apparaissent, immédiatement suivis du reste de l'animal. La naissance ne prend pas plus de quelques minutes. En pleine nature, le cheval ne peut sacrifier beaucoup de temps à cette affaire et doit récupérer vite. Ceux qui, dans les premiers temps, se sont laissés aller ont constitué des proies faciles et n'ont pu transmettre leurs gènes aux générations futures.

Dès que le nouveau-né vient au monde, les yeux grands ouverts, il tente de relever la tête. Aussitôt, la jument s'incline vers lui et touche doucement son petit, son nez contre le sien, tout en poussant un son doux – un hennissement léger – auquel le foal répond parfois. Avec ce premier contact s'établit le lien qui les unira.

Après la mise bas, la jument fait une pause, puis se lève. Le cordon ombilical se rompt alors et sépare automatiquement le foal de sa mère. Ensuite, elle lui lèche la bouche et le nez, ce qui dégage les naseaux du nouveau-né et stimule sa respiration. Pendant ce temps, le petit fait des mouvements de bouche qui rappellent ceux qu'il effectuera quand il cherchera la mamelle. C'est le premier acte de tout animal nouveau-né et celui-ci ne va pas tarder à se nourrir avidement. Mais auparavant, la jument, qui tient à lui faire une toilette complète, lèche et mordille sur toute la surface sa robe mouillée. Impatient de se lever, le minuscule poulain s'obstine à vouloir se hisser sur ses jambes, tandis qu'il ne cesse d'être renvoyé au tapis par sa mère. Si elle poursuit ses efforts, c'est qu'en même temps qu'elle le sèche, elle finit de se familiariser avec l'odeur corporelle de son petit, une odeur qui lui permettra par la suite de reconnaître même dans le noir sa progéniture.

Couper le cordon ombilical et sécher le petit sont les deux erreurs que commettent de bonne foi ceux qui assistent à un poulinage. La jument met quelque temps à se lever ou à s'écarter de son poulain après la naissance et, tant qu'elle ne bouge pas, le cordon reste attaché. Cela n'est pas sans raison. Le poulain reçoit une dernière dose de sang maternel qui l'aidera à résister à l'infection. En outre, il faut un certain temps avant que les vaisseaux sanguins se cicatrisent spontanément à l'endroit où le cordon rejoint le ventre du petit. En agissant avec précipitation et en coupant le cordon trop tôt, les hommes ne peuvent que causer des dégâts. Il est également capital que ce soit la jument, et non ses propriétaires, qui nettoie le corps humide du nouveau-né, car c'est ainsi que le lien émotionnel avec l'odeur du jeune animal se crée. Dans de nombreux cas, le rejet du foal par la mère trouve son origine dans une « aide » de ce genre apportée par les humains bien intentionnés et qui a accidentellement perturbé le processus naturel de l'attachement.

Quelle est la durée de ces différentes étapes? La mise bas en tant que telle peut prendre entre quelques minutes et trois quarts d'heure, bien que les poulinages prolongés soient très rares. Un quart d'heure environ après l'expulsion, le petit commence à vouloir relever la partie antérieure de son corps. Vingt-cinq minutes après la naissance, l'animal a une vision binoculaire et, au bout de quarante minutes, les oreilles commencent à réagir, en s'orientant vers des bruits précis. Après avoir examiné le cas de plusieurs centaines de foals, on a constaté qu'il leur fallait en moyenne cinquante-sept minutes pour se mettre debout. Certains y sont parvenus en un quart d'heure, d'autres ont mis plus de deux heures. Pour parvenir jusqu'à la mamelle en vue de leur première tétée, il leur a fallu en moyenne cent onze minutes après la naissance. Là encore, certains se sont montrés plus précoces que les autres en y arrivant en une demi-heure. Dès que le jeune a goûté aux délices du lait maternel, il y revient tant et plus au cours des heures qui suivent, à des intervalles allant de dix minutes à une heure et demie. Les poulains ont un petit estomac et préfèrent des repas légers et fréquents.

Durant ses premiers jours, le foal reste à côté de sa mère, qui souvent repousse tout membre du groupe qui s'aventure trop près. Elle continuera d'alimenter son petit pendant pratiquement un an, jusqu'à l'arrivée d'un nouveau poulain. Là, assez brusquement, elle rejette l'aîné en faveur du suivant. C'est pourquoi, dans la nature, le sevrage intervient entre neuf et douze mois.

A quelle vitesse le poulain grandit-il?

A côté du nourrisson humain, le poulain se développe à une vitesse éclair. A un jour, il peut non seulement voir, entendre, téter, se mettre debout, marcher, uriner et déféquer, mais il suit sa mère, émet des sons, trotte, galope, joue, se roule sur le dos, se gratte et fait sa toilette, agite la queue pour chasser les mouches et sait même nager.

Pendant le premier mois qui suit sa naissance, le jeune se montre extrêmement curieux et joueur, explore le monde alentour dans la mesure où sa mère l'y autorise. La jument doit constamment s'assurer que sa progéniture ne risque rien. Les dents de lait sortent durant cette période et le jeune animal commence à mordiller la terre. Il explore en particulier les déjections des autres chevaux et, quand il trouve du crottin frais, il en mange un peu. Ce comportement aberrant en apparence est en réalité normal, essentiel même, puisque c'est ainsi que le jeune poulain implante dans son propre intestin les bactéries indispensables à sa digestion d'adulte. Durant cette phase, il dort ou se repose pendant une demi-heure toutes les heures, couché dans l'herbe les trois quarts du temps. A six mois, il ne se repose plus qu'un quart d'heure par heure, en restant debout la plupart du temps. A six mois, le foal ne s'allonge plus que cinq minutes par heure.

Tandis que le sommeil décroît, le temps de pâture s'accroît. A quatre mois, le jeune passe le quart de la journée à paître. Mais au bout de sa première année, c'est près de la moitié des heures diurnes qu'il y consacre – de seize à quarante-quatre minutes par heure, pour être précis !

Au cours de ces douze mois, le poulain devient un être social. A deux mois, il sait qu'il est un cheval. Si un jeune foal isolé du groupe, y compris de sa mère, a été élevé depuis la naissance par des humains et ne rencontre d'autres chevaux qu'à l'âge de deux mois, il sera terrifié. Il continuera d'en avoir peur et recherchera la protection des hommes. En d'autres termes, à deux mois, le cheval est définitivement attaché à l'espèce de son « parent ». Pour qu'il parvienne à s'adapter au mieux à la double vie d'un cheval domestique, qui se plaît dans la compagnie des chevaux et des humains, il doit être mis en contact, autant que possible, avec l'une et l'autre espèce au cours des huit premières semaines de sa vie.

Entre trois et six mois, le foal qui peut s'ébattre librement avec d'autres jeunes connaîtra une phase importante de « jeu social », jeu qui comprend des combats pour rire, avec ruades, coups, morsures, poursuite et fuite. Ce sont des bagarres amicales, souvent interrompues par des séances de toilettage mutuel, sans méchanceté ni férocité. Elles sont beaucoup plus fréquentes chez les poulains que chez les pouliches. Les poulains affirment fréquemment aussi un comportement sexuel juvénile. Dès leur premier mois d'existence, ils effectuent des simulacres de monte (souvent avec leur mère), au rythme d'une fois toutes les cinq heures.

De temps à autre, le jeu est dirigé contre des adultes. Les juments s'efforcent de chasser les foals s'ils ne sont pas leurs propres rejetons, mais l'étalon se montre excessivement tolérant. Il laisse les jeunes l'attaquer et considère leurs assauts d'un œil tolérant, allant jusqu'à se laisser mordiller la crinière et grignoter les jambes. Mais lorsque les poulains grandissent, l'attitude de l'étalon change. S'il accepte de se laisser un peu bousculer par des jeunes de un an, voire deux, il n'en est plus de même quand ils ont trois ans. Dès lors, on ne se bat plus pour rire, mais pour de vrai. Si un jeune mâle adulte fait des approches à une jument, l'étalon le chasse sans pitié et le réduit à une position de dominé à la périphérie du groupe. Toutes les tensions de la hiérarchie sociale qui régissent la vie des chevaux pèsent désormais sur lui.

Si les mâles sont fertiles à trois ans, leur degré de fertilité ne cessera de croître au cours des années suivantes. A cinq ans, on peut considérer qu'ils ont atteint leur maturité sexuelle. A cet âge, les mâles en liberté tentent d'avoir leurs propres juments, mais doivent compter avec leurs aînés, plus expérimentés. Chaque année, ils ont de plus en plus de chances de devenir le mâle dominant, jusqu'à ce qu'à leur tour ils se mettent à décliner. Les étalons peuvent encore procréer à vingt ans passés, mais leur fertilité a tendance à régresser quand ils ont dépassé dix ou quinze ans.

Quelle est l'espérance de vie d'un cheval?

La durée de vie typique d'un pur-sang est de vingt ans. Celle des hybrides est un peu plus longue. On peut établir un tableau approximatif de correspondance entre l'âge des hommes et celui des chevaux, bien que celui-ci n'ait qu'une valeur indicative :

ÂGE DE L'HOMME	ÂGE DU CHEVAL
20	5
40	10
50	15
60	20
70	25
80	30
90	35

Un cheval qui travaille est considéré comme vieux à dix-sept ans environ, ses jambes étant habituellement les premières à lâcher. Comme il vieillit, des poils gris apparaissent sur le faciès, notamment autour des yeux et du chanfrein, et les salières s'accentuent au-dessus des yeux. Les paupières se plissent et les lèvres, qui se relâchent, ont tendance à pendre mollement. Le dos se creuse et la démarche devient plus raide.

Les durées de vie records sont remarquables, car elles dépassent largement la moyenne. Le record mondial, soixante-deux ans, est détenu par un cheval anglais, Old

Billy, qui a vécu de 1760 à 1822. C'était un cheval de trait métissé qui servait à haler des péniches sur un canal proche de Warrington, dans le Lancashire. Il travaillait encore à cinquante-neuf ans, s'il faut en croire les documents, même s'il ne devait plus porter que quelques grammes à la fois. Confier une besogne à un cheval de cet âge revient à exiger un travail de force d'un ancêtre de cent cinquante ans. Étant donné la rareté du cas, convenons qu'Old Billy était un être exceptionnel, à moins que les récits concernant deux Old Billy ne se soient trouvés – accidentellement ou non – confondus pour n'en former qu'un seul, ce qui arrivait parfois dans le temps.

Le plus vieux des poneys dont on ait la trace a vécu en France jusqu'à l'âge de cinquante-quatre ans et le plus vieux pur-sang de course a atteint quarante-deux ans (Tango Duke, 1935-1978, en Australie). D'autres records exceptionnels sont également détenus par un cheval de halage qui a vécu soixante et un ans, un hunter qui a fêté ses cinquante-deux ans et un cheval de ferme qui trimait toujours à quarante-trois printemps. Un propriétaire a eu trois chevaux d'une longévité remarquable – trente-neuf, trente-sept et trente-cinq ans –, ce qui prouve qu'il ne s'en remettait pas simplement au hasard pour soigner ses bêtes. Mais ces cas sont tout à fait inhabituels et nul ne peut se reprocher d'avoir négligé son cheval parce qu'il n'a pas connu une vieillesse comparable. Vingt à vingt-cinq ans, c'est une durée honorable pour lui.

Comment dire l'âge du cheval d'après ses dents?

« A cheval donné, on ne regarde pas la bouche », dit le proverbe, tant il est vrai que l'on peut juger de l'âge et de l'état d'un cheval par l'examen de sa denture. A mesure qu'il vieillit, l'aspect des dents se modifie et on peut évaluer approximativement son âge d'après la taille, la forme et la coloration des incisives. On peut établir un tableau approximatif de cette évolution :

A la naissance : Durant la première semaine, deux petites incisives apparaissent sur la mâchoire supérieure du nouveau-né et deux sur la mâchoire inférieure. Ce sont les pinces de lait, qui seront remplacées plus tard par les dents adultes.

De 4 à 6 semaines : Deux autres incisives poussent à chaque mâchoire. Les premières, les pinces, se trouvent alors au milieu des secondes, les mitoyennes.

6 mois : Deux autres incisives s'ajoutent à chaque mâchoire, en dehors des autres. Ce sont les coins. Le jeune poulain est désormais doté de ses incisives au complet. Elles sont douze, six en haut, six en bas. Ce sont encore des dents de lait provisoires, qui possèdent une petite cavité sur le dessus, le « cornet dentaire ». Cette petite dépression sur la table de la dent va disparaître à l'usure. C'est cette disparition qui va jouer un rôle clé dans l'évaluation de l'âge de l'animal.

Un an : Les premières incisives ont perdu leur cornet, elles sont usées au point que leur extrémité est lisse, ou « rasée ». Les mitoyennes et les coins ont toujours leur cornet.

1 an et demi : Les pinces et les mitoyennes, qui ont également perdu leur cornet, se sont arrondies. Les coins ont toujours leur cornet.

2 ans : Tous les cornets sont lisses et l'extrémité des dents est nivelée.

2 ans et demi : Les premières pinces de lait sont remplacées par les dents définitives, plus grosses, avec cornet.

3 ans et demi : Les mitoyennes de lait sont remplacées. Elles aussi ont des cornets.

4 ans et demi : Toutes les incisives de lait ont été remplacées par des dents définitives, plus grosses, dotées de cornets. Théoriquement parlant, le cheval est adulte.

7 ans : Les pinces définitives sont à présent rasées par l'usure, mais les autres ont toujours leur cornet.

8 ans : Les mitoyennes définitives sont rasées par l'usure, mais les coins ont toujours leur cornet.

9 ans : Toutes les incisives sont rasées. Les cornets ont disparu. Sur les pinces et les mitoyennes, une nouvelle figure apparaît : l'étoile dentaire, une courte ligne brunâtre entre l'emplacement du cornet et le bord antérieur de la dent. C'est le dessus de la pulpe dentaire qui est mis à découvert par l'usure de la partie supérieure de la dent. On en voit la trace dès six ans, mais à peine, et seulement sur les pinces. Maintenant, elle est tout à fait visible sur les pinces et les mitoyennes.

10 ans : L'étoile dentaire est présente sur toutes les incisives.

13 ans : L'extrémité des dents s'est arrondie en coupe et l'étoile dentaire est devenue une tache sombre centrée.

15 ans : Sur le bord externe des coins supérieurs figure un sillon longitudinal qui part de la gencive jusqu'à mi-hauteur de la dent. Ce sillon brunâtre a commencé à se former quand le cheval n'avait que dix ans, mais il était à peine visible. Maintenant, il est évident, mais il n'atteint pas encore l'extrémité de la dent.
20 ans : Le sillon sur le coin supérieur traverse la dent sur toute sa hauteur.
25 ans : Le sillon n'apparaît plus sur la partie supérieure de la dent. Il ne se voit plus que sur la moitié inférieure.
30 ans : Le sillon a complètement disparu.

Comme le montre le tableau ci-dessus, à chaque étape correspond un indice révélateur qui nous donne l'âge approximatif de l'animal. Les maquignons malhonnêtes, que désole cet étalage, tentent de tromper leurs clients en creusant les dents de leurs chevaux pour les rajeunir. Les Anglais appellent le procédé *bishoping,* du nom d'un certain Bishop qui aurait été le premier outre-Manche à creuser au burin un faux cornet dans les dents arrondies des chevaux. La surface fraîchement dégagée du cornet dentaire artificiellement créé était ensuite vieillie par l'application d'un fer chauffé. Les impressions du vieux cheval sur cette cure de jouvence d'un goût douteux ne nous sont pas parvenues.

Tant que nous en sommes aux dents, ajoutons que le mâle entier en possède, au total, quarante (la jument, trente-six). Chez lui, juste derrière les douze incisives se trouvent quatre petites canines, ou crochets. Ensuite, il y a un espace vide, la « barre », où le mors s'appuie quand le cheval est monté ou attelé. Puis viennent les vingt-quatre molaires. Les douze premières de ces molaires (trois de chaque côté de la mâchoire) existent à l'état de dents de lait et sont remplacées en même temps que les incisives de lait. Les douze dernières, en revanche, n'apparaissent que plus tard sous la forme de dents définitives.

Le cheval est-il intelligent?

Un vieux proverbe dit que les chevaux doivent être intelligents puisqu'ils ne parient jamais sur les hommes. Mais sont-ils *vraiment* intelligents? « Ils ne doivent pas avoir grand-chose dans la calebasse, affirmait un cavalier célèbre. Sinon, ils ne se laisseraient pas monter dessus par les humains. » Leur complaisance légendaire à l'égard de leurs compagnons à deux pattes paraît peu raisonnable, car elle ne leur a apporté que des ennuis à travers les siècles. Mais s'ils se sont pliés à cette exploitation, c'est en partie en raison de leur comportement naturel à l'intérieur de la horde. Ce sont des animaux si profondément grégaires et rompus aux diktats des tyrans de leur propre espèce qu'il n'est guère surprenant qu'ils se soient inclinés devant la volonté farouche des hommes. En dépit de l'affirmation de notre fameux cavalier, cet aspect de leur comportement n'exclut pas la possibilité que nous ayons affaire à des animaux extrêmement intelligents.

Le problème pour ce qui est de l'intelligence animale est de trouver une méthode objective d'évaluation. Chaque espèce la manifeste à sa manière et il est important, avant de tirer des conclusions, d'imaginer des tests appropriés qui conviennent à chacune. Si nous jugeons une espèce à l'aide de tests qui nous conviennent, nous n'arriverons sans doute pas à grand-chose.

Dans la nature, la proie et le prédateur ont un genre d'intelligence quelque peu différent. Si le prédateur commet une erreur, la proie lui échappe et il s'en va chasser ailleurs. Mais si la proie, le cheval par exemple, se trompe, c'est la mort. C'est pourquoi les animaux tels que le cheval réagissent vivement à des lieux où ils ont connu la souffrance ou la peur. S'ils ont passé un mauvais moment en un endroit précis ou avec un individu donné, ils risquent de réagir avec excès lors d'une prochaine rencontre. Si la peur ou la panique a été intense, le cheval peut en conserver le souvenir pendant des années. Cette faculté peut engendrer des comportements inexplicables en apparence. Un cheval adulte se met à ruer ou s'emballe en apercevant une certaine pièce d'équipement ou un endroit particulier. Docile jusque-là, l'animal se montre brusquement d'une nervosité incontrôlable. On se trompe souvent en essayant d'expliquer ce comportement, alors que, probablement, le cheval a vécu quand il était tout jeune une expérience désastreuse dont il a gardé des traces. On peut s'imaginer que le cheval se comporte d'une façon stupide, alors qu'en termes équins, c'est précisément l'inverse. Il se montre d'une prudence bien avisée et c'est nous qui avons tort de l'accuser de stupidité quand il fait preuve de réserve. Là réside l'intelligence des espèces qui font office de proies.

Autre différence cruciale entre eux et nous lorsque nous parlons d'intelligence : les mains. Ce sont nos doigts qui nous permettent d'exprimer une grande partie de notre savoir-faire et de manipuler littéralement le monde qui nous entoure, si bien que nous avons du mal à concevoir le monde à la façon d'un animal ongulé solipède. Pourtant, dans son cerveau, le cheval peut avoir cherché à résoudre tel ou tel problème, mais il lui manquera les mains pour la mise en pratique. Quelquefois, les dents et les lèvres musclées peuvent venir à la rescousse, nous donnant l'occasion de constater la complexité de son esprit. Par exemple, il arrive souvent que des chevaux parviennent à ouvrir la porte du box ou de l'écurie pour s'échapper ou pour rejoindre leurs compagnons. Les uns trouvent comment soulever un loquet, d'autres comment pousser une barre horizontale. D'autres encore inventent un stratagème pour améliorer l'ordinaire. Ainsi, tel animal qui détestait le fourrage sec se mit à rapprocher de plus en plus le foin de son bol d'eau. Puis il prit une bouchée de foin qu'il trempa dans l'eau avant de la manger. C'est ainsi qu'il se servit de son intelligence pour recréer quelque chose qui ressemblait à l'herbe fraîche du pâturage, son mets favori. Ce n'était pas non plus un comportement figé ou rigide. S'il recevait de l'herbe fraîche, il ne la trempait pas dans le seau. Si le foin était mouillé quand on le lui donnait, il le mangeait sans aménagement supplémentaire. Si le bol était remplacé par un seau, il plongeait le foin dans le seau. Le comportement était adaptable et visait toujours au même but : éviter la monotonie du fourrage sec.

Des tests pour juger des facultés de jugement des chevaux ont produit des résultats remarquables. Mis en présence de couples de schémas, tels qu'un carré et un cercle, un cercle et un demi-cercle, un triangle et des points, avec une récompense alimentaire associée à l'une des deux figures, les chevaux ont appris très vite à reconnaître celle qui les intéressait. Quand vingt séries leur ont été présentées, les chevaux sont parvenus à les distinguer dans tous les cas (contre treize pour les ânes et dix pour les zèbres) et, dans certains cas, on a obtenu cent pour cent de résultats corrects. Le score le plus faible a été soixante-treize pour cent, en présence de figures difficiles. Plus impressionnant encore, douze mois après l'expérience, les animaux n'avaient pratiquement pas oublié les schémas, dont ils ont reconnu dix-neuf sur vingt. Peu d'entre nous auraient été capables de résultats comparables, qui témoignent du besoin pour les chevaux sauvages de retenir les innombrables plantes qui composent leur environnement, les bonnes, les piquantes et les brûlantes, les mauvaises et les toxiques. Pour apprendre cela, il est indispensable de se souvenir pendant très longtemps de ce qu'on a appris, assez longtemps pour savoir réagir lorsque le cycle saisonnier de la végétation revient l'année suivante.

L'aptitude d'un cheval à distinguer entre de minuscules indices appartenant à son milieu trouve une parfaite illustration avec Hans, le célèbre cheval d'Elberfeld, « qui savait compter ». Cet animal était censé pouvoir faire des opérations élémentaires et donner le résultat en frappant le sol de son sabot. Que font 2 × 3? demande le montreur au cheval, qui va répondre en tapant six coups. La foule des spectateurs, bouche bée, retient son souffle. Comment fait-il? D'abord, les enquêteurs croient que le maître adresse des signes à son cheval et ils lui demandent de se retirer. L'animal parvient malgré cela à fournir les bonnes réponses. Quel est son secret? Alors, on demande au public de s'en aller et on place le cheval derrière un écran. Là, l'animal est enfin pris en défaut et on comprend ce qui s'est passé : le cheval « savant » réussissait à percevoir d'infimes changements dans les attitudes ou les expressions du public à mesure qu'il approchait du nombre de coups correspondant à la réponse. Tous les spectateurs la connaissaient et, apparemment, devenaient plus tendus à mesure que le cheval frôlait le résultat. Les sentant, en quelque sorte, retenir leur souffle de peur qu'il ne commette une erreur, il s'arrêtait de taper et semblait avoir apporté la solution du problème mathématique annoncé. En revanche, placé derrière un écran, ne voyant personne, il avait simplement continué de taper. Le scénario se reproduisit inchangé alors même que les gens savaient comment il s'y prenait. Les êtres humains étant pratiquement incapables, semble-t-il, d'empêcher leur état d'esprit de s'exprimer par le langage du corps (les joueurs de poker professionnels mis à part), le cheval, qui perçoit d'une manière incroyable les moindres altérations du tonus musculaire ou de l'attitude corporelle, repérait les modifications inconscientes les plus minimes.

Avec une telle sensibilité, on pourrait s'étonner que les chevaux de compétition, sur la piste, ou de concours, dans la carrière, ne se montrent pas plus sournois envers leurs vénérables cavaliers. Un cheval de course ne doit pas tarder à s'apercevoir que s'il figure dans le peloton de tête à la fin de la course, il a toutes les chances de parcourir la dernière longueur sous les coups de cravache, pour emporter la coupe. En revanche, il se rendra compte que, s'il est définitivement à la traîne, sans aucune chance de gagner, il peut ralentir sans risquer la cravache. Comme beaucoup de chevaux de haut niveau gagnent un jour ou l'autre et, en remerciement, reçoivent la cravache, on peut en conclure que les chevaux les plus rapides ne sont pas les cerveaux les plus brillants du monde hippique. De même, les meilleurs chevaux de concours doivent apprendre vite que s'ils parviennent à accomplir l'épreuve dans sa totalité, on leur demandera de recommencer, alors que s'ils renversent la moitié des obstacles ou s'ils se dérobent devant les sauts les plus impressionnants, leur calvaire sera terminé. Il faut être un cheval stupide – ou vraiment aimer le rituel du saut – pour relever le défi!

Après tout, peut-être les chevaux de concours de très haut niveau sont-ils moins impressionnés par certains sauts prodigieux qu'on leur demande que les humains qui, pleins d'affection, observent leurs efforts courageux. Les chevaux sont rarement aussi démunis, par rapport au cavalier, que certains se l'imaginent. Ils savent, en peu de temps, ce qu'on attend d'eux et quoi de plus facile, en fait, que de se montrer rétif? Et pour les cavaliers débutants, pourquoi ne leur serviraient-ils pas cette vieille recette, très rusée et imparable, qui consiste à foncer au galop sous une branche basse? Ce truc, qui a le mérite d'avoir fait ses preuves, a un effet durable sur un propriétaire peu aimable.

Comment les chevaux retrouvent-ils le chemin de l'écurie?

Dans le temps, avant l'avènement de l'automobile, il arrivait souvent au seigneur campagnard d'enfourcher son cheval pour aller passer la soirée à l'auberge du village, sachant qu'en tout état de cause, à la fin d'une longue soirée passée à écluser de la bière, s'il était incapable d'indiquer le chemin du retour à sa monture, celle-ci le trouverait à sa place. De ce point de vue, le cavalier éméché possédait un avantage indéniable sur l'automobiliste.

Une question se pose : comment le cheval reconnaît-il son chemin? Pour de courtes distances, il peut facilement se servir de sa mémoire spatiale, comme nous. En outre, il peut utiliser une carte d'odeurs mentale. La succession de virages, l'agencement changeant des odeurs et parfums associés aux lieux, avec, en outre, les images visuelles et les sons familiers, s'ajoutent les uns aux autres pour procurer l'information nécessaire. Mais il est de nombreux exemples de chevaux qui retrouvent le chemin de l'écurie en traversant un terrain inconnu, qui leur est étranger, où les points de repère habituels ne servent à rien. Comment se débrouillent-ils dans ces cas-là?

Ne citons que deux exemples : un poulain fut enlevé à sa mère et transporté à huit kilomètres de là, dans un territoire où il ne s'était encore jamais rendu. Après quelque temps, il fut libéré et parvint, en cinq jours, à retrouver sa mère. Cela pourrait n'être qu'un heureux hasard. Mais ces exemples sont fréquents et l'on croirait qu'une faculté sensorielle spéciale intervient pour aider ces animaux. Un deuxième exemple concerne des chevaux sauvages que l'on rassemble chaque année en Virginie. Certains sont vendus aux enchères et on relâche le reste. Pour retrouver leur territoire, ils doivent traverser des rivières et parcourir une distance considérable. Or, en peu de temps, ils sont de retour dans leurs quartiers d'origine, ayant reconstitué les hordes. Là encore, un sens particulier a l'air d'avoir opéré.

Pour les chevaux, nous n'avons pas de preuve de ce qu'il en est, mais des études sur les pigeons voyageurs ont démontré qu'ils sont sensibles aux variations des champs magnétiques terrestres. Des expériences réalisées à l'aide de champs magnétiques artificiels ont permis de constater qu'on peut facilement perturber cette aptitude au retour en modifiant les forces magnétiques qui influent sur les oiseaux. Toute forme de vie possède sans doute cette aptitude sensorielle, qui peut s'expliquer par la présence de minuscules particules de fer dans les tissus des animaux, qui agissent, en fait, comme de minuscules aimants. Il semblerait que les chevaux appliquent la même méthode.

Le revers de la médaille, c'est que les chevaux ne sont guère en forme quand on les transfère dans des régions connaissant une activité sismique, comme la Californie. Dans les premiers temps, ils paraissent profondément perturbés par les mouvements telluriques quasi permanents. Souvent trop faibles pour être décelés par les êtres humains, ces secousses imperceptibles provoquent des modifications du champ magnétique local, qui se traduisent chez les chevaux par un sentiment de malaise quand ils y sont confrontés pour la première fois – un peu comme les gens de la campagne trouvent la ville bruyante et stressante en quittant le calme de la vie paysanne. Après quelque temps, les chevaux s'adaptent à la situation, amortissent leurs réactions et améliorent leurs résultats. Pourtant, l'inconfort ressenti dans les premiers moments semble être le signe d'une sensibilité au champ magnétique, ce qui confirmerait l'idée que le sens de l'orientation chez les équins serait lié à ces éléments magnétiques.

Les chevaux ont-ils le sens de la propriété?

Certains animaux se déplacent à travers un habitat sans même défendre leur espace. D'autres ont un sens territorial très affirmé et vivent dans une zone clairement définie, qu'ils défendent contre les intrus. Le cheval ne se classe pas vraiment dans l'une ou l'autre catégorie. Parfois, des troupeaux de chevaux errants ne font preuve d'aucun comportement défensif, se contentant de parcourir de vastes régions sans essayer d'en chasser leurs congénères. Ils peuvent même partager des points d'eau et des pâturages sans que des disputes ne viennent troubler la paix. Lorsque deux petites hardes se rencontrent, elles peuvent, au pire, s'éviter mutuellement et poursuivre leur chemin. C'est ainsi que cela se passe lorsqu'il y a beaucoup d'espace. Sans la tension engendrée par le surpeuplement, l'impératif territorial ne se traduit pas nécessairement en action.

Lorsque les conditions sont un peu plus restrictives, on peut observer de véritables réactions de défense territoriale. Si, dans de telles circonstances, une troupe de chevaux en rencontre une autre, une bataille peut s'ensuivre entre les chefs rivaux, habituellement les étalons dominants. Dans ce cas, l'étalon qui « possède » le territoire l'emporte inévitablement et chasse l'intrus. Pourtant, cette victoire ne donne pas lieu à une persécution obstinée du vaincu. Le vainqueur ne veut que repousser l'ennemi, pas le détruire. Aussi, dès que celui-ci bat en retraite, la paix est rétablie.

Pour les chevaux domestiques en écurie, la question de la territorialité ne se pose pas. Le monde s'est tellement rétréci pour eux que toute notion d'habitat ou de territoire à défendre leur échappe. Pourtant, quand un animal d'écurie est lâché dans un nouveau paddock, il adopte un schéma de comportement particulier : il longe la clôture. S'il ne reconnaît pas l'enclos, sa réaction première sera d'aller faire le tour du propriétaire, qui consiste à en parcourir le pourtour pour apprendre la forme et l'étendue de l'espace qui lui est alloué. Après avoir dûment effectué sa ronde, le cheval s'installe pour profiter plus tranquillement de son nouveau territoire.

Pourtant, les prairies les plus vastes ne sont que des territoires naturels en miniature. On a constaté que des chevaux sauvages, par exemple, possèdent un habitat allant de cinquante à cent trente kilomètres carrés. En se déplaçant pour paître, boire et dormir, ils parcourent jusqu'à vingt-cinq kilomètres par jour, marchant à la queue leu leu en suivant souvent des sentiers battus qu'ils connaissent par cœur. Aussi, en ce qui concerne le droit à l'espace de leurs cousins domestiques, celui-ci sera toujours lamentablement restreint. Certains chevaux domestiques réagissent à cette situation en renonçant à tout comportement territorial. Leur univers est si surpeuplé, comparé à l'état sauvage, qu'ils font taire tout sentiment de propriété et se plient à une vie plus tranquille, plus étriquée. D'autres, qui résistent à cette option de tranquillité, peuvent se montrer franchement défensifs dans leur petit enclos. Il faut toujours être prudent lorsqu'on ajoute un nouveau cheval dans un paddock où un de ses congénères séjourne depuis quelque temps. Le « propriétaire » peut tout à coup se libérer de son agressivité territoriale refoulée et frapper violemment le nouveau venu. Sans une surveillance appropriée, ce type d'attaque peut faire des dégâts. Le premier arrivé, qui peut nourrir une vieille rancune à cause de la manière dont il a été traité dans le passé ou qui aspire désespérément à un territoire plus étendu et ne peut accepter un intrus dans ce qu'il considère comme le noyau central de son univers, ne voudra pas se contenter de l'acte de soumission de son adversaire et continuera à agresser sa victime malgré des offres de paix répétées. Une telle manifestation de violence reflète les conditions anormales sur le plan territorial que la plupart des chevaux domestiques doivent subir pour vivre en compagnie de l'homme. Heureusement, lorsque de tels excès se manifestent, la situation peut être vite maîtrisée avant qu'il n'y ait des dégâts importants. Il n'y a de véritable danger que lorsque les chevaux sont confiés à des débutants, qui ne veulent pas croire que le monde social des chevaux implique de graves rivalités ainsi que des risques majeurs. Les vétérans savent d'expérience qu'un cheval a beau se montrer des plus dociles avec son cavalier, il demeure un être social complexe quand il traite avec ses congénères.

Comment les chevaux se battent-ils?

Comme tout être intelligent, le cheval s'efforce de vider ses querelles sans en venir aux coups. Autant que possible, il fait appel à des attitudes menaçantes. Ces signaux suffisent généralement pour que le groupe décide qui sera le membre dominant.

Dans une étude intensive sur le terrain, on a constaté que vingt-quatre pour cent des disputes seulement allaient au-delà des menaces visuelles et vocales et des bousculades superficielles. Ce chiffre est fondé sur un total de 1 162 désaccords survenus à un point d'eau. Une autre enquête tout à fait distincte, qui s'est intéressée à la manière dont les chevaux se disputent la nourriture, a fait apparaître que le chiffre correspondant était presque identique : 22,6 pour cent. On peut donc affirmer sans risques que les trois quarts des querelles équines trouvent une solution non violente.

Les menaces comprennent les attitudes suivantes : les oreilles couchées en arrière, la tête baissée, la nuque tendue, la croupe rapprochée de l'ennemi, le corps servant à couper la route à l'ennemi et l'ennemi étant poussé avec la tête, le cou, l'épaule ou le corps de l'attaquant.

Comme le ton monte, le cheval commence à hocher la tête en la faisant onduler, l'encolure baissée, tendue, accomplissant de vigoureux mouvements de côté ou de haut en bas, comme si l'animal dépeçait le corps de l'ennemi d'un coup de dents énergique. La bouche, ouverte, fait semblant de mordre, mais elle n'entre pas en contact avec le corps de l'adversaire. La queue se met à fouailler l'air rageusement. Les antérieurs frappent le sol d'un air menaçant, en direction de l'opposant, à moins qu'ils ne soient fermement campés sur le sol. Sinon, les postérieurs peuvent ruer, menaçant l'adversaire de se voir administrer un bon coup de pied qui ne sera plus feint s'il insiste. Des coups de tête et de corps peuvent intervenir et, bien que ceux-ci impliquent un contact corporel, ils ne sont pas effectués de manière à être véritablement des actes d'agression physique. Des couinements rageurs soulignent souvent ces actes menaçants.

Si tout cela échoue, le cheval doit recourir à la force brutale. Pour l'appliquer, il se cabre, se soulevant sur les membres postérieurs, et frappe avec les antérieurs, en poussant des cris perçants et en mordant en même temps son adversaire à la nuque. Il peut également charger, tête en avant, pour essayer de mordre aussi sauvagement que possible. Ces actes – frapper et mordre – sont le signe que le cheval en question est un animal vraiment dominant. S'il se montre plutôt défensif et nerveux tout en étant en colère, il aura un autre type de réaction. Il attaquera d'une manière défensive, contrairement à l'individu précédent. Le corps pivote rapidement pour présenter à l'ennemi la partie postérieure. Dans le même temps, les membres postérieurs s'allongent pour administrer un ou deux violents coups de pied.

Quand la bagarre a commencé, les ruades se succèdent les unes aux autres et cet échange violent peut durer plusieurs minutes avant qu'un des adversaires ne se soumette. La soumission consiste simplement, pour le perdant, à faire demi-tour pour se retirer. S'il n'est pas en mesure de le faire, il peut simplement présenter un comportement de soumission, y compris un claquement de dents qui évoque le toilettage mutuel, la torsion de la tête, où la tête est agitée d'une secousse et dirigée sur le côté, le regard fixe, où les yeux font saillie plus qu'à l'ordinaire et la queue plaquée contre la croupe légèrement abaissée. Dans la plupart des cas, l'assaillant tiendra compte de cette offre de paix et mettra fin à l'épisode. Cette particularité a été quelquefois citée comme un exemple d'« altruisme » chez le cheval, alors que l'animal dominant saisit simplement l'occasion d'éviter de courir lui-même le risque d'être blessé. Les bagarres provoquant souvent des dégâts chez le vaincu *et* le vainqueur, elles sont scrupuleusement évitées.

A quelle vitesse les chevaux peuvent-ils courir?

Au galop poussé au maximum, un cheval peut faire des pointes de 40 km/h et un pur-sang en bonne santé peut maintenir cette vitesse pendant plusieurs kilomètres. Le quarter horse qui, comme son nom l'indique, ne court que sur de petites distances – pas plus d'un quart de mille, soit 350 mètres – peut dépasser les 55 km/h. Le record sur cette distance est de 60 km/h, mais il est exceptionnel. Sur 4,2 km, le record est de 47,5 km/h.

La course de chevaux la plus longue de l'histoire a eu lieu, semble-t-il, au Portugal et faisait plus de 1 200 km. Le vainqueur s'appelait Émir, un arabe d'origine égyptienne. Un autre coursier de longue distance, d'une vigueur exceptionnelle, Champion Crabbet, parcourut 420 km en cinquante-deux heures.

Dans les premiers temps du steeple-chase, les courses se pratiquaient parfois en rase campagne, sur des distances de 11, 16,5 et 28 km. Aujourd'hui, ces épreuves difficiles ont en grande partie disparu, le Grand National, qui est en Angleterre la course la plus longue à laquelle un cheval de haut niveau puisse participer, fait 6,5 km. Le record, pour cette course très exigeante, est détenu par l'étonnant Red Rum qui a remporté la course en 1973, en 9 minutes et 1,9 seconde, ce qui fait une moyenne de 40,5 km/h pour un parcours comprenant les sauts les plus requérants du monde.

Quelle est la différence entre un sang chaud et un sang froid?

La tradition veut que les éleveurs distinguent trois catégories, chez les chevaux domestiques : le cheval à sang chaud, à sang froid et le demi-sang. Ces trois types, qui n'ont rien à voir avec la température corporelle, se rapportent aux origines et à la sélection des diverses espèces de chevaux.

Il y a seulement deux sortes de chevaux à sang chaud : l'arabe et le pur-sang. Ce sont les aristocrates du monde équin, nerveux, actifs, à l'ossature fine, qu'on appelle parfois « chevaux de sang ». La dénomination courante, « à sang chaud », ne se réfère pas seulement au fait que les fondateurs de la race étaient originaires des déserts brûlés du Moyen-Orient et de l'Afrique du Nord, mais aussi à la vivacité et à la fougue dont ils savent faire preuve.

Le sang froid, en revanche, est un animal de travail, souvent doté d'un corps massif et d'un tempérament lymphatique, calme, placide. D'humeur égale, il possède une ossature lourde et descend du cheval des forêts nordiques – le cheval de la toundra ou des steppes. Bien qu'il ne se distingue pas par son... sang-froid, il vient des régions les plus froides, les plus septentrionales, et son corps trapu est adapté au froid rigoureux de l'hiver dans ces régions.

Le demi-sang, parfois dit « à sang tiède », est à mi-chemin entre les deux extrêmes. C'est un animal à l'ossature légère, caractéristique qu'il a héritée de ses ancêtres arabes de sang chaud. D'un naturel équilibré, il est moins fougueux et moins nerveux. Il est toutefois beaucoup plus fringant et plus vif que ses ancêtres de sang froid. Les demi-sang sont les chevaux de course actuels, parfaitement adaptés à diverses activités de loisir.

Combien de races de chevaux y a-t-il?

Une étude récente sur les races de chevaux fait apparaître 207 groupes différents. Cependant, certains peuvent ne pas être reconnus, car nombre de pays et de provinces utilisent des noms locaux pour des races qui présentent en fait des variantes mineures par rapport à des formes beaucoup mieux connues. De même qu'il peut exister beaucoup d'autres races non répertoriées, qui se cachent au fin fond de régions isolées. Ce chiffre donne, à tout le moins, une idée de l'immense diversité du monde des équidés aujourd'hui.

Sur ces 207 races recensées, 67 sont des poneys, 36 des chevaux de travail et 104 de sport. Dans ce contexte est considéré comme un poney tout cheval d'une taille inférieure à 1,48 m, mais la hauteur de l'animal n'est pas la seule caractéristique qui distingue le cheval du poney. Les poneys sont beaucoup plus proches des ancêtres primitifs du cheval, avec des membres plus courts, en rapport avec la taille du corps, et une charpente plus massive, étant, à poids égal, plus lourds que les chevaux. Il existe deux races d'animaux – le poney de la Caspienne et le Falabella – qui, proches des poneys par la taille, tiennent plus du cheval par les proportions. On parle souvent, pour l'une et l'autre race, de « chevaux en réduction » plutôt que de poneys, une manière d'insister sur leur morphologie élégante et délicate. Le poney de la Caspienne, récemment redécouvert sur les bords de la mer Caspienne, dans le nord de l'Iran, ressemble à un cheval arabe minuscule. On pense qu'il pourrait effectivement être proche de l'Équidé d'origine, qui a donné naissance au cheval arabe il y a quelques millénaires. Représentés par des sculptures de l'ancienne Perse remontant à deux mille cinq cents ans, on ne les avait pas revus « au-dehors » depuis au moins mille ans. Demeurés confinés à l'intérieur d'une petite région, ils ont perpétué une race pure et n'ont pas été altérés, de sorte qu'ils sont restés assez semblables à ce qu'ils étaient dans l'Antiquité. Puis, en 1965, quelques individus, importés en Occident, ont permis de démarrer l'élevage en toute sécurité de ce qui est aujourd'hui le vestige vivant des ancêtres de nos pur-sang modernes.

Pour le Falabella, l'histoire n'est pas la même. C'est une race moderne créée en Argentine, qui est essentiellement un poney Shetland de taille réduite, mais il a la morphologie d'un minuscule cheval. Ce cheval, le plus petit du monde, trop léger pour être monté, est apprécié comme animal exotique. D'une hauteur moyenne inférieure à 86 cm, il est d'une taille nettement inférieure à celle de nombre de races de chiens. Le plus petit Falabella adulte n'atteint que 38 cm à l'épaule, alors que le grand danois le plus imposant dépasse le mètre. Même s'il paraît curieux d'imaginer qu'un cheval puisse marcher à l'ombre d'un chien, ces équins de taille réduite ne doivent pas être considérés comme des monstres, car l'ancêtre du cheval moderne, *Echippus* – ou cheval de l'aube – qui a vécu il y a cinquante millions d'années, ne faisait que 25 cm. Aujourd'hui, lorsqu'un petit Falabella voit le jour, avec moins de 30 cm à l'épaule, nous avons sous les yeux un individu de la dimension de ces lointains ancêtres.

En passant des poneys aux animaux de trait, nous allons

d'un extrême à l'autre. Les chevaux de trait sont les géants du monde des équidés. Certains ont atteint 2,13 m à l'épaule et pesé plus d'une tonne. Ces bêtes de somme représentaient la force de notre agriculture au temps où le moteur à combustion interne ne polluait pas encore nos routes et nos campagnes avec ses nuages de fumée. Aujourd'hui, les survivants de cette race courageuse sont entretenus avec amour comme les vestiges d'une époque plus tranquille, de magnifiques spécimens apparaissant régulièrement à l'occasion de salons ou de fêtes paysannes. Des admirateurs dévoués veillent à perpétuer les principales races et l'intérêt qu'elles suscitent aurait tendance à s'affirmer, ce qui semblerait indiquer que leur avenir, à l'ère de la conquête de l'espace, est pour le moins assuré.

De loin le plus riche aujourd'hui, le groupe des chevaux de selle comprend des centaines de races. Le cheval du XXe siècle, voué au sport, que ce soit la selle, la chasse, la course, le saut d'obstacles, le concours complet ou le polo, occupe une position prédominante. Alors que la population urbaine, dans les grandes cités, ne fait qu'augmenter et que la campagne est cernée de part en part, les activités champêtres connaissent des adeptes de plus en plus nombreux et, comme par hasard, à l'ère de l'automobile et des embouteillages, l'équitation prospère. Comme antidote contre la mécanisation à outrance de l'existence, cette activité séduit non seulement les cavaliers, mais aussi ceux qui les observent, sur la piste, dans les expositions ou à la télévision. Si le cheval de selle suscite l'enthousiasme et la passion de cavaliers dévoués, il symbolise également le rapport privilégié qui lie l'homme et l'animal, ainsi que notre existence rurale passée. Compte tenu de ce qu'il représente, il est probable que de nouvelles races verront le jour à l'avenir, contrairement à ce que certains pourraient croire.

Il n'est pas inintéressant de voir quels pays revendiquent la plus grande variété de races. La Russie mène le pas avec 27 au moins. La Grande-Bretagne suit avec 19. Puis vient la France, avec 18. En quatrième position, les États-Unis et l'Allemagne en ont respectivement 16, l'Italie 10 et la Pologne 9. Or, ces chiffres ne sont que des indications minimales, puisque de nouvelles races ne cessent d'apparaître pour répondre aux besoins de notre environnement en évolution constante. Cependant, ils indiquent sans conteste sous quels cieux l'homme s'est le plus préoccupé de créer de nouvelles races de ces chevaux qu'il continue, aujourd'hui encore, d'entourer de ses soins les plus attentifs.

Qu'est-ce qui fait courir les chevaux?

Contrairement à ce que d'aucuns pourraient croire, ce n'est pas une question idiote. Il n'est pas normal, pour des chevaux, de galoper à toute allure sur de longues distances. Alors pourquoi le font-ils? Nous savons pourquoi les lévriers font la course (ils poursuivent le lièvre), mais qu'est-ce qui fait courir les chevaux si vite et si loin?

Pour comprendre le comportement des chevaux de course modernes, il faut étudier de plus près leur curieux mode de vie. Ceux qui ne les voient que sur la piste ne se doutent pas, souvent, de l'existence spartiate, insolite, qu'ils mènent. Quand ils ne courent pas, ils passent le plus clair de leur temps enfermés dans des boxes séparés. Là, ils se sentent de plus en plus frustrés. Leur entraînement régulier, qui ne fait rien pour soulager ce sentiment de malaise, ne sert qu'à aiguiser leur désir de liberté de mouvement.

Qu'un propriétaire débutant, bien intentionné, donne à entendre que son cheval de course se plairait à être lâché dans le pré, l'entraîneur pourra lui expliquer que cette faveur risquerait de détourner de la course l'esprit du cheval. En fonction de cette constatation, on peut dire qu'un cheval court parce qu'il a été enfermé, privé de toute forme d'exercice physique, et qu'il a un surcroît d'énergie qui ne demande qu'à exploser. Le jour de la course, quand on lui lâche la bride, il « jette son feu » : il s'élance à fond de train et court jusqu'à épuisement.

S'il atteint ce point d'épuisement avant le poteau d'arrivée, on le fouette ou on l'arrête, selon qu'il a des chances ou non de gagner.

L'explosion d'activité musculaire dans une course est telle que les pur-sang ne sont généralement pas en mesure de courir de nouveau avant plusieurs jours. Cette incapacité souligne à quel point leur mode de vie est devenu contraire à leur nature. Un cheval sauvage ne pourrait survivre s'il n'était capable de prendre la fuite que tous les trois ou quatre jours. Mais aucun cheval sauvage, il est vrai, n'aurait à s'enfuir aussi loin. Les prédateurs naturels des chevaux sauvages – chiens sauvages, loups, félins – tuent ou abandonnent après une poursuite relativement courte. En fait, lorsque nos chevaux de course foncent à toute allure sur l'espace libre de la piste, ils se comportent plutôt comme des collégiens, coincés tout le jour dans une immobilité contraire à leur nature, puis lâchés dans la cour de récréation pour se dépenser une bonne fois. De même que le jeu pour les écoliers, courir sur la piste, pour le cheval, est dépourvu de sens et de réflexion. Plutôt qu'une fuite ou une tentative désespérée d'évasion, l'animal cherche à se dépenser physiquement après une longue période d'inactivité forcée.

Cependant, en dépit de cet aspect, il y a un élément de peur et de fuite échevelée inhérent à la course. Deux faits en soulignent la présence. Premièrement, un cheval sauvage ne prend jamais le galop s'il n'est pas en état de panique. Une fuite prudente se fait au trot, quand un groupe de chevaux s'éloigne d'un objet inquiétant. C'est seulement lorsque le prédateur est à découvert et s'est lancé à sa poursuite qu'un cheval sauvage adopte un galop effréné. Autrement dit, quelque part dans l'esprit du cheval de course, il doit exister le fantasme, au moins, d'un tueur qui le poursuit. Deuxièmement, il y a la sensation cuisante de la cravache. Quand elle cingle le flanc ou la croupe de l'animal, elle doit lui rappeler la douleur infligée par les griffes d'un félin ou la morsure d'une gueule de chien. Devant l'imminence de l'attaque, le cheval fait un ultime effort pour s'échapper et ne faiblit pas tant qu'il lui reste un semblant de force dans les membres.

En fin de compte, la course est un mélange entre une fuite devant des prédateurs invisibles et l'expression plus élémentaire d'une activité physique contrariée. C'est une sorte d'activité de « vide » ou de « trop-plein », par laquelle des animaux jeunes, vigoureux, en bonne santé, cherchent à échapper, non à des loups ou des lions, mais à l'inertie forcée d'une existence hautement artificielle.

Pourquoi certains chevaux courent-ils plus vite que d'autres?

Quand les turfistes observent les chevaux qui défilent dans le paddock avant la course, ils cherchent avec concentration un indice, aussi faible soit-il, qui leur permettra de savoir lequel sera le plus rapide. Malheureusement, chez le cheval, ce qui compte le plus est caché, puisque c'est son cœur qui fera de lui un vainqueur ou un vaincu. Tous les chevaux de course modernes ont des membres et des muscles superbes, et sont capables d'atteindre des vitesses élevées. Là n'est pas ce qui distingue un cheval de sang d'un autre. Le secret est à l'intérieur, invisible, au grand soulagement des organisateurs du PMU. Car c'est, en dernier ressort, le bon fonctionnement du système circulatoire chez chacun des pur-sang qui apportera aux uns la gloire et aux autres l'ignominie.

A chaque course, les premiers trois cent cinquante mètres sont courus en anaérobie, autrement dit l'animal trouve un carburant qui n'exige pas de puiser de l'oxygène dans le sang. Ensuite, le cheval passe en aérobie. C'est alors au cœur et aux poumons de fournir assez d'oxygène pour les muscles. La moindre défaillance cardiaque ou infection des poumons se traduira par une défaite. Aussi, lorsqu'un fan des courses vous déclare, en extase, que tel cheval a du cœur, sa métaphore est pleine de vérité.

L'aspect le plus étonnant de la physiologie de la course est l'accélération fantastique du pouls, entre le repos et le galop. Certaines autorités prétendent que la vitesse décuple carrément, passant de 25 à 250 pulsations par minute. D'autres pencheraient plus modestement pour un écart allant de 36 à 240, écart qui signifie toutefois que le cœur bat sept fois plus vite pour atteindre quatre contractions par seconde. Comment s'étonner, dès lors, que les pur-sang aient l'air aussi rendus après avoir disputé une course serrée?

Un pareil effort à intervalles réguliers n'est manifestement pas une chose naturelle pour les équidés, mais on ne cesse de demander aux chevaux de prix participant à des courses de haut niveau de se surpasser et cela, de plus en plus souvent. La conséquence évidente est un cœur hypertrophié, avec des risques d'accidents cardiaques. En effet, tandis que le cœur grossit en volume, il ne laisse aucune place pour « la dilatation dans l'effort », à cause de la tension créée par la course. Pour remplir son office, il exerce une pression plus forte contre les tissus environnants. Cette pression supplémentaire fatigue le cœur et le cheval « faiblit » à mesure que la course touche à sa fin. Le turfiste qui parie régulièrement sur « de bons tuyaux » ne connaît ce phénomène que trop bien. Le cheval se comporte à merveille dans la première partie de la course et jusqu'au milieu, puis là, il a l'air de se mettre à reculer. Les autres chevaux le dépassent, fendant l'air, accélérant en direction de l'arrivée. En réalité, comme ils sont à la limite de leurs possibilités, ils ralentissent tous légèrement, mais le cheval qui connaît une défaillance cardiaque ralentit d'une manière beaucoup plus spectaculaire, ce qui donne, à tort, l'impression que les autres accélèrent.

Autre caractéristique importante pour un champion :

l'allure. La symétrie avec laquelle les jambes touchent le sol pendant le galop est un indice particulièrement précieux. Le cheval idéal, dit-on, doit avoir les membres qui fonctionnent « comme les rayons d'une roue », chacun à son tour touchant le sol et soutenant le poids du cheval, à degré égal et pour une durée égale.

Si un cheval qui possède un cœur résistant, un poitrail puissant et une allure symétrique perd les courses, qu'est-ce qui ne va pas chez lui? L'hérédité et l'éducation peuvent être en partie responsables de l'échec, moins toutefois qu'on ne pourrait l'imaginer. On a tendance à croire qu'en accouplant deux champions, on aura une nouvelle génération de champions. Mais un tas de grands amateurs ont acquis à prix d'or de jeunes poulains de ce type dont ils ont eu à revenir par la suite. En vérité, la consanguinité est telle dans le monde des pur-sang qu'ils possèdent tous plus ou moins les mêmes facteurs génétiques. Si nous sommes encore dans le noir, c'est que les chevaux de course ont une trop grande valeur et la reproduction est trop lente pour que des étudiants en comportement animal puissent se livrer à des tests sur la psychologie individuelle. Néanmoins, certains, réalisés avec des animaux plus faciles à manipuler, comme les souris blanches, ont démontré qu'il était possible de « créer » des champions à l'aide de méthodes de dressage simples. De petites souris autorisées à dominer de grosses dures à cuire (que l'on avait droguées pour les rendre momentanément plus dociles) ont commencé bientôt à prendre confiance en elles-mêmes. Ayant de nouveau à se mesurer aux grosses souris (non dopées, cette fois), elles ont emporté la lutte et sont devenues les animaux dominants en dépit de leur petite taille. Cette sorte de technique de dressage montre comme il est facile de donner de l'assurance à un animal, en agissant simplement sur la manière dont il se comporte dans ses rapports avec ses congénères. Le passé individuel de chacun est rempli de petits incidents de cette sorte et souvent, le moment ténu où un petit foal acquiert le sentiment de sa force et de sa volonté personnelle nous échappe.

Si nous savions comment « aider » la personnalité des jeunes pur-sang tandis qu'ils avancent vers leur maturité, nous pourrions accroître cette volonté farouche qui les fait continuer de courir alors même que la fatigue provoque un malaise physique que les sportifs humains connaissent bien. Pour comprendre un peu mieux cette détermination, considérons comment une horde de chevaux sauvages fuit devant le danger. La meilleure place, pour un ongulé, cheval, antilope ou cerf, se situe au centre de la troupe qui s'éloigne à grande allure. Les traînards sont les victimes toutes désignées des prédateurs et, quelquefois, ceux qui sont en tête. Les coureurs de tête, s'ils devancent trop le groupe, se trouvent aussi isolés que ceux qui ferment la course. Eux aussi, dans ce cas, deviennent la proie des rôdeurs – ceux qui attendent, embusqués. En somme, un cheval qui galope aspire naturellement à rester au milieu du groupe. En d'autres termes, la multitude est mère de sûreté. Si vous traduisez cela en langage hippique, vous aurez le portrait du champion. En visionnant des films tournés pendant des courses, on peut voir comment, presque systématiquement, le vainqueur est resté « au milieu du terrain » jusqu'à la dernière portion de la piste. Souvent, il est à la troisième ou la quatrième place, une bonne position pour opérer une ultime tentative afin de prendre la tête. Jusque-là, il s'est senti à l'abri et il resterait probablement là si le jockey ne le poussait pas. Mais à l'approche du poteau d'arrivée, celui-ci le force à repartir, souvent en se servant de la cravache dont les coups rappellent les griffes d'un prédateur labourant la croupe de l'animal en fuite. Cette stimulation supplémentaire fait s'élancer l'animal, qui dépasse ses compagnons et l'emporte. Au moment où il jette toute prudence aux quatre vents pour prendre la « position du coureur de tête », la peur innée de s'éloigner de la horde en courant trop vite et de devenir la victime potentielle d'un prédateur embusqué cède devant la « certitude » qu'un tueur lui lacère la croupe.

Inutile de préciser que les autres jockeys également fouettent leurs chevaux à ce moment de la course, pour peu qu'ils aient une chance de gagner. Aussi les dernières longueurs sont-elles un test d'endurance, où chaque cheval se bat pour échapper à l'« agression » sur sa croupe. Or, l'endurance, au bout du compte, c'est une question de cœur, aussi bien littéralement parlant, en termes de circulation sanguine, que métaphoriquement, en termes de personnalité.

Certains champions se dispensent très bien de cet ultime encouragement cuisant. Ils prennent la tête, non pas tant qu'ils renoncent à la sécurité du groupe, mais parce que le groupe commence à traîner derrière eux. Ils ont un bon « rythme » de course, c'est-à-dire qu'ils ne foncent pas trop tôt, de sorte qu'il n'est pas nécessaire de les retenir – ce qui est un gaspillage d'énergie – et ils ne traînent pas derrière au début, de sorte qu'il n'est pas nécessaire de les pousser. Dans un sens comme dans l'autre, une allure irrégulière consommerait un surcroît d'énergie. Le rythme idéal consiste, pour l'animal, à suivre régulièrement le gros de la troupe jusqu'à la phase finale. Là, le jockey peut « presser le bouton », s'il le faut, comme on dit dans le milieu, et le cheval, à sa demande, va foncer dans un galop final époustouflant.

Pourquoi certains chevaux courent-ils moins vite que d'autres?

Après la course, un petit rituel intervient entre le propriétaire, l'entraîneur et le jockey de chacun des perdants. Au cours de cette cérémonie qui pourrait s'intituler : « Pourquoi on a perdu », il s'agit de présenter un prétexte convaincant pour le propriétaire, afin d'éviter que celui-ci ne décide de vendre son cheval plutôt que d'assumer les frais de son entraînement le mois suivant.

La vérité toute nue n'est pas bonne à dire lors de cette rencontre. Mieux vaut garder pour soi les remarques les plus évidentes : le cheval n'est pas bon, les autres chevaux étaient meilleurs, le jockey a été mauvais, le cheval a été mal préparé par l'entraîneur... Interdit, également, de rappeler que les chevaux ne sont pas des machines, mais des êtres vivants, qui peuvent manifester, ici et là, des incohérences de comportement. L'entraînement d'un cheval de course moderne représente des sommes tellement astronomiques que l'animal se doit pour le moins d'être un vainqueur obstiné – sauf à présenter quelque très bonne raison. C'est là qu'intervient l'imagination de l'entraîneur et du jockey. Le même prétexte ne pouvant servir à deux reprises, il faut inventer du nouveau à chaque fois.

Après avoir publié dans ses colonnes la lettre d'un propriétaire exaspéré, qui énumérait la liste complète des prétextes étonnants qu'on lui avait présentés au fil des années, *Sporting Life,* une revue d'outre-Manche, fut assaillie par un flot de courrier où d'autres propriétaires déçus résumaient leur propre expérience. En voici quelques exemples revus et corrigés pour la circonstance, complétés par d'autres recueillis personnellement par l'auteur. Les cinquante premières « bonnes » raisons sont les suivantes :

1. Le cheval a avalé sa langue.

2. Le cheval a marché sur un nid-de-poule sur le bord extérieur de la piste.

3. Le cheval a reçu une motte de terre volante.

4. Le cheval a avalé une motte de terre volante.

5. Le cheval n'a pas apprécié les virages en épingle à cheveux.

6. Le cheval a été piqué par un insecte dès le départ.

7. Le cheval a été distrait par la présence d'une fourgonnette de la télévision.

8. Le cheval n'a pas aimé la pluie.

9. Le cheval avait un abcès dans la bouche.

10. Le cheval avait mal à un pied.

11. Le cheval ne voulait pas dépasser les écuries du champ de course.

12. Le cheval souffrait de contractions musculaires.

13. Le cheval n'a pas aimé le grand vent.

14. Le cheval était d'humeur paresseuse – ou trop fougueuse.

15. Le cheval a été bousculé pendant la course.

16. Le cheval a reçu un coup de pied pendant la course.

17. Le cheval n'a pas apprécié la lenteur – ou la vitesse – de la course.

18. Le cheval a sauté trop court – ou trop haut.

19. Le cheval s'est senti à l'étroit au milieu des nombreux concurrents.

20. Le cheval est passé à côté de la compétition à cause du nombre réduit des participants.

21. Le cheval n'a pas accéléré – ou n'a pas ralenti.

22. Le cheval a détesté la piste à main gauche – ou à main droite.

23. Le cheval était sous-entraîné – ou sur-entraîné.

24. Le cheval serait meilleur sur une distance plus courte – ou il a besoin d'un trajet plus long.

25. Le cheval a raté le départ et il a eu du mal ensuite à rattraper.

26. Le cheval a reçu en pleine tête un coup de cravache d'un jockey rival.

27. La selle du cheval glissait – ou elle était trop serrée et le pinçait.

28. Le cheval manquait d'expérience – ou en avait trop.

29. Le cheval s'est emporté en allant prendre le départ – ou en entendant le signal de départ.

30. Le cheval s'est trouvé cerné et n'a pu trouver d'échappée.

31. Le cheval a eu un voyage pénible pendant le long trajet jusqu'au champ de course.

32. Le cheval a souffert de la présence de gaz d'échappement dans son box.

33. Le cheval a été perturbé par un feu d'artifice près des écuries, la nuit précédente.

34. La sangle du cheval s'est cassée.

35. Le cheval a perdu un fer.

36. Le cheval est en rut.

37. Le cheval s'est trouvé en tête trop tôt – ou il a besoin de se trouver en tête.

38. Le cheval n'avait pas d'appétit.

39. Le cheval avait besoin de se dépenser.

40. Il ne fallait pas cravacher le cheval – ou il fallait le tenir plus serré.

41. Le cheval doit être castré.

42. Le cheval a peut-être une numération globulaire faible.

43. Le « sire » – l'étalon, père du cheval – n'a été au sommet de sa forme que beaucoup plus tard.

44. Le jockey croyait qu'il y avait un autre tour de piste – croyait qu'il n'y avait plus d'autre tour.

45. Le jockey a cru à tort que quelque chose n'allait pas et il a resserré les rênes.

46. Le jockey a perdu sa cravache.

47. Le jockey a pris le dernier poteau avant l'arrivée pour le poteau d'arrivée.

48. Le jockey a reçu un coup de pied pendant la course.

49. Le handicap était trop important et le cheval portait une surcharge.

50. Il y avait un virus dans l'écurie.

Tout propriétaire de chevaux qui n'a pas eu droit à l'une de ces excuses après une course doit avoir un cheval miracle.

Pourtant, la plus remarquable de toutes est sans doute celle avancée par un élève jockey qui avait été traîné devant les organisateurs pour s'expliquer après une course lamentable : « Le patron m'a dit, déclara-t-il à ceux qui s'étonnaient de sa piètre performance, qu'en aucun cas je ne devais finir parmi les six premiers! »

Pourquoi les chevaux de course ne courent-ils pas plus vite chaque année?

A chaque nouvelle saison, les athlètes humains semblent courir plus vite, pulvérisant les records lors de chaque compétition ou presque. Sur la piste, en ce qui concerne les hommes, un record dure quelques années à peine. Pour les pur-sang, en revanche, il n'en est pas de même. Malgré une sélection attentive et l'énormité des sommes en jeu, le cheval de course moderne semble être en bout de course, sur le plan de la vitesse. Les records ne sont que rarement dépassés et, en général, il y a eu peu d'améliorations depuis un siècle. Pourquoi? Pourquoi, après des générations d'élevage sélectif, où on a toujours favorisé les animaux les plus rapides, n'a-t-on pas obtenu une amélioration progressive de la race? Manifestement, quelque chose ne va pas.

La course est un sport ancien. A l'origine, les chevaux n'étaient pas montés. Les chefs de tribus rivales n'abreuvaient pas leurs chevaux, puis les relâchaient à une distance donnée d'un point d'eau. Le premier qui parvenait au but pour boire était le gagnant. Les premiers récits détaillés d'un entraîneur de chevaux de course remontent à 3 358 ans et se situent au Moyen-Orient. Un peu plus tard, il y a 2 636 ans, dans la Grèce antique, les premières courses de chevaux montés commencèrent. Les chevaux étaient montés à cru. Un siècle et demi plus tard, des courses spéciales pour juments et jeunes apprentis cavaliers apparurent. Les Romains devinrent des enragés des courses de chevaux, de sorte qu'il y a 1 900 ans, on a recensé une centaine de courses par jour. Des paris élevés, une foule énorme de spectateurs, des émeutes, le truquage des courses, les pots-de-vin, le dopage et tous les autres ingrédients traditionnels du monde des courses y trouvaient déjà leur place. Mais cela ne devait guère durer. Avec la chute de l'Empire romain, les courses organisées disparurent du paysage. L'introduction en Europe de fougueux coursiers venus d'Orient se ralentit, cédant le pas aux chevaux de guerre et de trait, plus lourds.

Mille ans passèrent, puis le Moyen-Orient retrouva son influence en matière de chevaux. Émerveillés par l'ardeur des montures ennemies, les croisés ne purent résister à en rapporter quelques exemplaires avec eux quand ils rentrèrent au pays. Au XIIe siècle, il y avait des courses hebdomadaires à Londres, auxquelles ces animaux rapides d'importation participaient, et c'est également à cette époque que fut offerte en trophée au vainqueur la première bourse dont on ait retrouvé la trace. Le prix était de quarante livres en or, une somme fabuleuse pour l'époque. Mais la course n'a pas su vraiment s'imposer. Elle restait un divertissement mineur, la chasse à courre et les chevaux de guerre étant tenus pour infiniment plus intéressants. Il fallut attendre que la cavalerie remplace les lourdes montures des chevaliers en armure pour que la vitesse des équidés puisse de nouveau s'imposer. Puis, au fil des siècles, les courses s'organisèrent, jusqu'au moment où la scène fut prête pour l'avènement des courses de pur-sang modernes.

Au XVIIIe siècle, sous la protection royale, les vraies courses de chevaux furent instituées. Encore une fois, le

Moyen-Orient apporta une contribution importante au monde du cheval britannique. L'importation de trois pères fondateurs – de magnifiques étalons arabes –, qui fécondèrent une cinquantaine de juments, marqua la naissance d'une nouvelle lignée : les pur-sang. En 1793, on créa le stud-book, fichier où l'on consigna les origines généalogiques de chacun d'eux. L'idée en fut probablement inspirée par des éleveurs arabes, qui pratiquaient une sélection rigoureuse depuis de nombreuses années et notaient scrupuleusement le patrimoine de chacun de leurs chevaux de course. En fait, le nom même de « pur-sang » est une traduction littérale du mot *kehilan,* qui, en arabe, désigne un cheval « de naissance totalement pure ».

Peu après avoir été ouvert, le stud-book fut fermé, aucune nouvelle souche fondatrice n'étant plus autorisée à y entrer. Par conséquent, au cours des deux siècles qui suivirent, la reproduction du pur-sang fut limitée à un fonds génétique extrêmement limité. D'après une évaluation récente, quatre-vingt-un pour cent du patrimoine génétique des pur-sang modernes remonte à trente et un chevaux d'origine. Au commencement, l'amélioration de la race fut possible, puisque les courses donnèrent, pendant cent ans, des résultats où la vitesse était en progression annuelle presque constante. On estime qu'il y a eu une amélioration de deux pour cent environ dans les années 1900. Au siècle dernier, on a assisté à une augmentation progressive de la taille des chevaux – à peu près 2,5 cm tous les vingt-cinq ans – jusqu'à ce qu'ils mesurent en moyenne 1,62 m. Dans l'intervalle, les membres étaient devenus plus longs et plus élancés : la machine de course moderne s'était perfectionnée. Or, on croirait que nous avons aujourd'hui atteint un seuil. Nombre de records contemporains restent inchangés depuis un demi-siècle. Le Derby, le classique des classiques pour les Anglais, par exemple, a été couru en un temps record en 1926 déjà, par un champion qui a atteint la vitesse de 61 km à l'heure sur 800 m. Des courses plus courtes ont été couvertes à 70 km à l'heure. Bien que les efforts se concentrent chaque année de plus en plus sur la sélection en utilisant un vainqueur après l'autre, une sélection qui devrait produire une amélioration progressive constante, ces vitesses n'ont jamais été dépassées. Pourquoi? A cela, deux réponses possibles : le pool génétique d'origine était trop étroit, trop restreint en raison du nombre limité d'individus constituant la souche fondatrice, ou il faut revoir nos techniques actuelles d'entraînement des chevaux de course de haut niveau.

Si l'explication génétique est la bonne, c'est qu'il est grand temps de rouvrir le stud-book, bible du monde hippique, pour qu'un nouvel apport de sang en provenance du Moyen-Orient soit insufflé dans les veines de nos champions. En revanche, si la technique d'entraînement doit être mise en cause, il nous appartient de nous pencher avec plus d'attention sur le style de vie hautement artificiel du pur-sang moderne. S'il s'avère qu'il ne faut « rien faire » et nous abstenir de nous mêler des traditions sacrées du monde des courses, reconnaissons que nos champions nous récompensent plutôt mal des efforts que nous ne cessons de déployer pour leur avancement. Il y a quelque chose qui cloche au royaume hippique et il serait temps que le monde du turf se risque à innover – que ce soit en matière de reproduction ou d'entraînement. Or, comme toujours, innover fait peur, quand de jeunes poulains, des champions potentiels, sont en cause. Entraîneurs et propriétaires répugnent à prendre des risques lorsque l'enjeu est aussi élevé. Tôt ou tard, pourtant, quelqu'un se jettera à l'eau et nous aborderons enfin, au XXIe siècle, une période plus excitante encore pour les courses de chevaux.

Pourquoi le jockey cravache-t-il son cheval?

La cravache sert à diriger le cheval et à accélérer l'allure. De temps à autre, ce qui est du reste impardonnable, certains l'utilisent comme moyen de châtiment. Nombre de ceux qui critiquent aujourd'hui les courses s'indignent contre les coups de cravache, qu'ils estiment cruels et inutiles, et beaucoup de gens réclament à cor et à cri l'interdiction pure et simple de celle-ci dans toutes les compétitions sans exception. Dans certains pays, les autorités ont déjà institué des restrictions sévères à la manière de s'en servir. En Scandinavie, par exemple, il est interdit, pour la main qui tient la cravache, de lâcher les rênes, ce qui réduit grandement les possibilités d'action. Ailleurs, on a limité le nombre de fois où l'on peut frapper le cheval au cours d'une course. Les organisateurs sont à l'affût de toute « utilisation excessive de la cravache » et les jockeys qui se laissent emporter par leur enthousiasme sont punis de leurs crimes.

Parmi les voix qui s'élèvent contre la cravache, certaines appartiennent à l'intérieur même du milieu des courses. Une grande autorité dans le monde du pur-sang a déclaré carrément qu'à son avis fouetter tient d'une « tendance intrinsèque de l'humanité, en particulier dans les stades les plus reculés de la civilisation, à frapper sans merci les animaux domestiques ». Un ex-entraîneur s'est insurgé récemment : « Les brutes tiennent le fouet depuis trop longtemps... La vue de sauteurs exténués qu'on fouaille à tour de bras me rend de plus en plus malade », a-t-il reconnu, fort de sa longue expérience des courses. Après ces quelques remarques, il s'est élevé contre l'idée qu'on pouvait lui reprocher de s'amollir, car il ne savait que trop quelles réactions ses propos allaient déclencher de la part des membres les plus inflexibles du monde des courses. Mais les partisans les plus farouches de la cravache commencent à se rendre compte des réticences dans l'opinion publique. « Ces fichues cravaches sont une saleté! », a-t-il ajouté – une affirmation vigoureuse qui a fait le titre d'un journal – avant de conclure : « Les gens devraient avoir à l'œil ces petits jockeys de courses de plat qui, avant de mettre pied à terre, essaient subrepticement de lisser la robe à l'emplacement des marques du fouet sur l'arrière-main. » En d'autres termes, non seulement les autorités, mais les utilisateurs eux-mêmes commencent à avoir mauvaise conscience devant l'attitude plus sensible du grand public, ce public qui peu à peu rejette toutes les bonnes excuses qui ont servi à justifier les actes de cruauté envers les animaux.

Alors, quelle est la réponse? Le fouet doit-il disparaître? Les professionnels sont nombreux à affirmer qu'une pareille décision serait une catastrophe, les privant d'un moyen de contrôle qui leur permet de diriger le cheval sur un champ surpeuplé et leur évite une bousculade inutile. En outre, insistent-ils, le cheval ne quitte la sécurité de la horde pour prendre la tête que lorsqu'il sent le fouet lui effleurer légèrement la croupe. En ce cas, quelle est la solution?

Un compromis est manifestement possible, il suffirait pour cela d'aggraver les peines pour les coups de cravache trop violents. L'« usage excessif de la cravache » devrait être condamné plus souvent dans les faits. Un petit coup de cravache, il est vrai, n'est guère plus douloureux qu'une tape sur la cuisse, et avec un animal aussi sensible que le cheval, on obtient l'effet escompté, sans qu'il soit nécessaire de le faire souffrir.

Si la solution est aussi simple, où est le problème? Il n'y en a qu'un : le besoin impératif, pour le jockey, de remporter les courses importantes. Si le propriétaire de sa monture le voit perdre d'une courte tête sans avoir lacéré la croupe de son cheval, il peut l'accuser de ne pas s'être donné suffisamment de mal. « Fouette! Fouette! » gueulent ceux qui ont parié de fortes sommes, lorsque l'animal sur lequel ils ont misé arrive presque en tête. Sans être particulièrement cruels, les spectateurs, dans la fièvre qui s'empare d'eux dans les derniers instants de la course, perdent toute retenue. Or, c'est précisément ce qui se passe avec certains jockeys. Ils ont l'impression que s'ils réussissaient à pousser encore un peu leur monture, elle parviendrait à rattraper l'écart infime qui la sépare de ses adversaires et à les dépasser pour finir en tête. Aussi, au lieu d'effleurer la croupe du cheval, la cravache se met à cingler tant et plus pour aiguillonner l'animal. Et c'est ainsi que, indignées par ce spectacle, un certain nombre de personnes se retournent aujourd'hui contre le monde des courses.

Pourtant, des coups de fouet violents ont beaucoup moins de chance de faire accélérer l'animal que ces jockeys excités ne l'imaginent. Alors qu'un léger contact sur le train peut lui donner à croire qu'un prédateur est à ses trousses, sentiment qui peut l'inciter à faire un ultime effort, un coup de fouet vraiment féroce peut avoir un effet tout autre. Le cheval peut simplement dévier de sa trajectoire pour s'écarter de ce qui lui a infligé une douleur. Puisque la cravache atterrit toujours d'un côté ou de l'autre de son corps, cela peut l'amener à faire une incartade qui perturbera le rythme de sa course et finalement ralentira son élan d'un quart de seconde. Aussi, les coups de cravache violents ne sauraient avoir la moindre excuse, en quelque circonstance que ce soit.

Le cheval sait-il quand il a gagné la course?

Au risque de heurter le monde des courses, très sentimental quand il s'agit des champions, la réponse est non. Aussi évident que ce soit lorsqu'on passe en revue les détails de la course, l'idée que les chevaux ignorent totalement qu'ils viennent de faire gagner de fortes sommes à leur propriétaire, leur entraîneur et leur jockey paraît être tout à fait inacceptable pour les experts.

Dans les derniers stades de la course, si le pur-sang bande chaque muscle, ce n'est pas pour gagner, mais pour plaire à son cavalier. Le cheval est un animal doué d'une forte affectivité, toujours prêt à collaborer. Il a appris à respecter son cavalier, à réagir à ses moindres ordres. Il sait quand celui qui le monte veut qu'il accélère ou qu'il ralentisse. Il le sent à travers les signaux tactiles qui lui parviennent par le contact direct entre le cavalier et sa monture : le toucher des doigts, la pression des jambes, la rigidité du corps. Si le jockey est content, le cheval le sent à la manière dont il lui flatte l'encolure ou par ses cris de joie. Mais comment pourrait-il rattacher ces marques de satisfaction avec le fait essentiel qu'il vient de passer la ligne d'arrivée juste avant ses congénères? C'est un concept complètement humain, qui n'a aucun sens pour les chevaux.

Pourquoi le monde équestre a-t-il autant de mal à se rendre à l'évidence? Il arrive souvent que les intéressés eux-mêmes ne sachent pas qui a gagné. Quand le cri :

« La photo! La photo! » retentit à la fin d'une course qui s'est jouée dans un mouchoir, c'est que les humains qui se trouvent près du plateau d'arrivée ignorent qui l'a emportée. Alors, comment le cheval le saurait-il? En outre, quand le premier arrive avec une courte tête d'avance sur le deuxième, il ne comprend pas que l'issue de la course se joue à l'instant précis où il passe un certain poteau blanc. En réalité, il est probable que les chevaux ne saisissent même pas qu'ils participent à une course, et moins encore qu'ils en sont les vainqueurs. Une seule chose compte, pour eux : après être restés enfermés dans un box, ils sont enfin lâchés sur une piste merveilleuse, où on les incite à courir le plus vite possible, jusqu'à ce qu'ils n'aient plus la force d'avancer ou jusqu'à ce que les cavaliers se détendent et arrêtent de les harceler. Pour eux, c'est un exercice où intervient quelque chose qui rappelle la panique de groupe. La course de compétition ne fait pas partie de leur paysage mental et l'imagination romantique des passionnés des courses ne suffira pas à changer cette réalité.

« Il y a un cheval au moins qui sait qu'il a gagné! », s'exclamait un commentateur de télévision après la victoire d'un cheval irlandais, lors d'une course importante. Pendant ce temps, l'animal exténué, couvert d'écume, était entouré d'une foule joyeuse de turfistes irlandais qui tous lui administraient des tapes d'amitié sur l'encolure, les flancs, le dos, la croupe ou ailleurs dans l'enthousiasme du moment. Chacun pensera ce qu'il voudra de ce que l'animal était censé conclure de ce déluge de coups et de cris, mais une réalité s'impose : il ne se rendait certainement pas compte qu'il venait de franchir le poteau blanc avant les autres. Peut-être s'est-il même imaginé qu'il avait commis quelque chose de mal, de sorte qu'il se trouvait assailli de toutes parts, alors que ses congénères pouvaient jouir d'un repos bien mérité. Le vacarme et la foule ont dû déconcerter la pauvre bête. Si les chevaux sont des animaux extrêmement affectueux et intelligents, ils ne sont pas des humains et ils ne jouent pas au PMU. N'étant pas non plus des génies, ils ne sont certainement pas à même de savoir qu'ils ont remporté la course.

D'où vient le steeple-chase?

Le steeple-chase, ou course au clocher, serait né, en Angleterre, de la ruse du renard et de la malhonnêteté humaine. Le renard fait son entrée dans l'histoire par un bel après-midi d'automne, au milieu du XVIIIe siècle, où quelques gentilshommes rentraient bredouilles de la chasse (en Angleterre, le renard est le gibier traditionnel de la chasse à courre). Ils n'avaient pas pris un seul renard. Sur le chemin du retour, pour se consoler de cette déconfiture, un des chasseurs aurait lancé un défi sur un coup de tête, prétendant qu'il serait le premier à parvenir au clocher du village (en anglais, *steeple :* clocher) qu'on distinguait clairement dans le lointain. Pour être déclaré vainqueur, il fallait foncer à travers champs, quels que soient les obstacles sur le trajet, et toucher le clocher avec sa cravache. Ainsi est née la course d'obstacles, qui a conservé, aujourd'hui encore, son nom d'origine.

Avant que cet événement ne survienne, il y avait eu une longue tradition de course de plat et de chasse, mais pour quelque raison, personne n'avait eu suffisamment d'imagination pour associer les deux. Or, il suffit qu'un petit malin y pensât pour que ce nouveau sport gagne rapidement du terrain. Le premier steeple-chase dont on ait retrouvé une trace écrite a eu lieu en Irlande en 1752, MM. O'Callaghan et Blake ayant parcouru plus de sept kilomètres entre l'église de Buttevant et celle de Saint-Léger. Le prix comprenait « une barrique de bordeaux, une futaille de porto et un quart de baril de rhum de la Jamaïque ». Cependant, le nom de celui qui l'a emporté ne nous est pas parvenu. Quel qu'il fût, il n'était sans doute plus en état de consigner grand-chose après avoir dégusté sa récompense.

La malhonnêteté humaine entre dans le tableau un peu plus tard, en 1810 précisément. Durant la seconde moitié du XVIIIe siècle, le steeple-chase continua de prospérer au gré des rencontres, d'un clocher à l'autre, mais dès le début du XIXe, il se transforma progressivement en un sport plus réglementé et plus sérieux. A l'origine de cette évolution, le maquignonnage des chevaux de plat. Certaines courses de plat étaient destinées aux chevaux de chasse, des bêtes véritablement destinées à la chasse et pas spécialement dressées pour la course. Quelques cavaliers firent passer leur monture pour des chevaux de chasse alors qu'elles étaient en réalité des pur-sang très rapides. Ils les inscrivirent dans ces courses réservées aux jumpers, montures plus lourdes, plus lentes, produites pour les besoins d'un parcours plus dur, où il fallait courir et bondir à travers champs. Pour se débarrasser des intrus, quelqu'un proposa d'adapter au champ de course traditionnel cette chasse au clocher rude qui se disputait encore dans son cadre d'origine.

Le premier vrai steeple-chase eut lieu à Bedford sur un parcours de 4,8 km, où huit obstacles avaient été dressés. Ceux-ci étaient suffisamment ardus pour mettre à mal tout cheval de plat n'ayant pas l'habitude de courir à travers champs. Ils faisaient 1,40 m de haut et une barre solide était posée en travers. La nouveauté du spectacle, à laquelle s'ajoutait l'espoir de voir de fiers cavaliers mordre la poussière, attira une foule énorme de plus de quarante mille personnes. Depuis lors, le danger même a contribué à l'intérêt quelque peu morbide exercé par ces grandes courses de saut. Le risque qu'elles représentent pour le cheval a multiplié les réserves et les critiques à leur égard. Le Grand National, course exceptionnelle qui eut lieu pour la première fois à Aintree en 1839, a toujours attiré des foules d'amateurs enthousiastes, mais fut souvent accusé de cruauté envers les animaux. Certains propriétaires ont refusé de laisser leurs chevaux adorés participer à cette rude épreuve de 7,2 km et, récemment, après le succès de son coursier, une femme a reconnu qu'elle n'avait pu regarder son cheval emporter le grand prix tant elle était épouvantée. Après la course, elle a déclaré que plus jamais il ne participerait à cet événement sportif.

Le steeple-chase est extrêmement populaire – pour des raisons traditionnelles – en Irlande, son pays d'origine. Aux États-Unis, les courses de plat conservent la primeur du fait que les turfistes éviteraient les courses d'obstacles prétendument à hauts risques, où même un favori très bien placé peut être victime d'un accident grave. Curieusement, d'après les statistiques, leurs craintes sont superflues, car les favoris ont plus de chances de gagner des courses d'obstacles que des courses de plat. Mais le préjugé a la vie dure et la course au clocher n'a jamais réussi à obtenir la popularité mondiale de sa sœur aînée, la course de plat.

Qui a inventé les étriers?

Aussi stupéfiant que ce soit, les cavaliers grecs et romains de l'Antiquité n'utilisaient pas d'étriers. Quand ils allaient au combat, ils serraient leur monture entre leurs cuisses et en avant! Autrement dit, Alexandre le Grand et Jules César n'ont jamais connu la stabilité que les étriers donnent au cavalier, ce qui est d'autant plus ahurissant, quand on songe qu'Alexandre et sa cavalerie ont conquis des territoires immenses. Xénophon explique, dans ses écrits, la méthode adoptée par les cavaliers grecs de cette époque : il faut se tenir « droit, jambes légèrement écartées. Ainsi, il adhérera plus fermement au cheval avec les cuisses et, en restant bien droit, il pourra lancer le javelot... avec plus de force ».

Cette manière de se tenir en serrant les cuisses, sans selle ni étriers, indique que les cavaliers de l'Antiquité avaient une forme étonnante et une pratique considérable pour rester en selle pendant la bataille. Cette position réduisait énormément leur possibilité d'action et il leur était plus difficile de monter à cheval ou de mettre pied à terre rapidement. On a du mal à comprendre pourquoi, parmi les milliers de cavaliers qui se sont succédé à cette époque, aucun n'a eu l'idée d'improviser une sorte de selle de cuir avec une prise pour le pied. Peut-être la rigidité de l'entraînement militaire fut-elle responsable de ce manque d'imagination, exigeant des Grecs et des

Romains qu'ils fassent la conquête du monde connu dans un inconfort permanent.

Alors, qui a inventé les étriers? Des spécialistes russes croient que ce sont les Scythes, qui vivaient plus au nord que les Grecs et étaient d'excellents cavaliers. Il semblerait que, sur certains artefacts, l'on voyait des chevaux qui portaient des étriers, mais il est difficile d'en avoir la certitude. En outre, comme Alexandre se procura des chevaux chez ce peuple voisin, il paraît hautement improbable qu'il n'eût tiré aucun profit pour lui-même de cette découverte. Il nous faut chercher ailleurs.

Plus à l'est, sous un climat plus chaud, où les cavaliers allaient pieds nus, on vit apparaître, autour de l'an 200 avant notre ère, une courroie formant une boucle, dans laquelle les cavaliers passaient leur gros orteil et qu'ils utilisaient comme une aide pour monter. Cet étrier pour doigt de pied fut inventé en Inde et c'est apparemment à cette civilisation que nous devons une invention simple, mais d'une importance considérable. Comme son usage se répandit en Asie, il fut introduit dans des régions plus froides où les cavaliers portaient de grosses bottes pour garder les pieds au chaud. Cette particularité vestimentaire fit que l'étrier pour orteil s'élargit de manière qu'on pût y passer le pied. Sous cette forme nouvelle et améliorée, l'étrier assurait au cavalier équilibre et stabilité, tout en permettant aux guerriers de se servir de leurs deux mains à la fois pour brandir leurs armes. Jusque-là, quand il lançait le javelot ou la lance, le cavalier assis à cru devait empoigner de sa main libre la crinière de sa monture pour rester stable. Désormais, il pouvait expédier des flèches tout en continuant d'avancer et se livrer à des attaques beaucoup plus dévastatrices contre ses malheureux ennemis. Fortes de cet avantage indéniable, bien campées sur leur chevaux agiles, les hordes des Mongols, sous la férule d'Attila, roi des Huns, fondirent sur l'Occident, faisant au passage d'innombrables victimes. « L'étrier a été le progrès le plus remarquable dans l'art de la guerre entre la domestication du cheval et l'invention de la poudre », a déclaré un historien militaire...

Au VIIIe siècle, l'étrier était utilisé à travers toute l'Europe et, dès lors, l'art équestre ne fut plus jamais le même en Occident. Associé à une selle améliorée, il procurait au cavalier un agréable sentiment de sécurité sur son fougueux coursier, lui permettant de porter une lourde armure protectrice dans laquelle il était relativement à l'abri et de monter à cheval avec aisance, en dépit de l'âge et de l'embonpoint. L'équitation n'était plus seulement un sport réservé aux jeunes athlètes. Désormais, un individu de tout âge et de toute condition pouvait monter à cheval, en gardant les mains libres en cas de besoin.

Le fait que l'étrier a été, par le passé, une boucle servant à monter à cheval est corroboré par l'origine même du mot qui, en français comme en anglais, vient du francique *stige* et *rap,* mots qui signifient littéralement « courroie à monter » ou « à grimper ». A ce détail linguistique s'ajoute la survivance de l'étrier d'orteil, toujours en usage à l'occasion de certaines courses dans le sud de l'Inde, confirmant que la pièce d'équipement en question est une tradition fort ancienne dans cette partie du monde.

Pourquoi le fer à cheval porte-t-il bonheur?

Des imitations de fer à cheval se rencontrent partout dans le monde, sur des bracelets à breloques, porte-clés, décors de pièces montées, cartes de vœux et véhicules en tous genres. Dans les provinces agricoles, on en voit encore de vrais, cloués sur les portes, sur le mur des bâtiments et surtout au-dessus de l'entrée des écuries. Les marins les accrochent au mât de leur bateau, comme Nelson sur le *Victory,* et même les chauffeurs de taxi anglais, qui s'efforcent souvent d'obtenir un numéro d'immatriculation comprenant un U, symbolisant la forme d'un fer à cheval, ne sont pas à l'abri de cette superstition.

Dans tous les cas, le fer à cheval a la même signification : il protège et porte bonheur. Pourquoi? La plupart du temps, on l'ignore et on accepte simplement que cet objet symbolise la chance, sans se poser de question sur l'origine d'une telle croyance. Ceux qui ont tenté de remonter aux racines ont abouti à des conclusions contradictoires. L'hypothèse la plus simpliste attribue les qualités protectrices du fer à cheval au fait que cet objet protège le pied du cheval sur lequel il est placé. S'il empêche la dureté du sol de faire souffrir le cheval, il peut également empêcher la noirceur du monde de nous atteindre.

Venant corroborer cette idée, il y a les propriétés apparemment magiques de l'objet. Pourquoi parler de magie? Parce que, lorsqu'on pose le fer chauffé à blanc sur le sabot et qu'on le broche, l'animal ne souffre pas. Cela a beaucoup impressionné les observateurs les plus superstitieux qui, au fil des siècles, ont observé la scène, à une époque où l'anatomie du pied du cheval n'était pas bien connue.

Accentuant encore l'auréole de magie qui entoure le fer, l'utilisation fréquente de sept clous, chiffre de la chance, pour le fixer. Il était de la plus haute importance que l'objet fût en fer, matériau dont on croyait qu'il faisait fuir le malin. Dès les premiers temps où l'homme a su travailler le fer, ce métal a eu la réputation de pouvoir repousser les mauvais esprits et on disait souvent « touchons du fer » au lieu de « touchons du bois ».

Voilà qui explique la présence d'un objet en fer au-dessus d'une entrée, mais pourquoi un fer à cheval de préférence? La réponse tient à sa forme. Si on le fixe avec les deux extrémités en l'air, comme un U, il ressemble à des cornes. Or, depuis des millénaires, les cornes ont eu une fonction tutélaire. A l'origine, elles symbolisaient celles qui ornaient la tête de l'ancienne divinité cornue, un dieu païen qui devint plus tard le diable, sous l'instigation de chrétiens croyants qui aimaient à reprendre d'anciennes images pour les profaner. Mais si le diable devint l'ennemi, ses cornes ont continué à ce jour d'exercer une fonction protectrice. Représentée par un simple geste du doigt, la « main cornue » sert toujours de porte-bonheur ou est utilisée comme signe protecteur, et on installe souvent une paire de vraies cornes sur des corps de bâtiments, en particulier dans des fermes, dans la région méditerranéenne.

Les chrétiens, toujours avides de reprendre à leur compte des symboles, ont tout fait pour s'approprier le fer à cheval porte-bonheur en le débarrassant de son passé païen. Ils ont proposé qu'on le cloue de côté, pour que le U devienne un C. Fixé de cette manière, le C pouvait représenter la première lettre de Christ et on s'empressa d'expliquer aux naïfs que c'était là la véritable origine de cette coutume, ce qui la rendait acceptable pour les fidèles.

D'autres préconisaient qu'il fallait l'accrocher à l'envers, de sorte que le fer ait l'air d'un U inversé. Cette position était censée le rendre particulièrement efficace. Dans certains pays, on distinguait clairement le fer en forme de U (qui était considéré avant tout comme porte-bonheur) et celui en forme de U inversé (dont la fonction première était de protéger). Sur le plan symbolique, le U inversé serait une représentation des organes sexuels de la femme. Si cela peut paraître déplacé d'orner les murs extérieurs d'une maison avec ce type de décor, il ne faut pas oublier que beaucoup d'églises médiévales arborent au-dessus de l'entrée une image claire des organes sexuels féminins. Ces figures infâmes, appelées *shila-na-gigs,* étaient censées distraire l'attention des démons qui auraient pu, sinon, pénétrer à l'intérieur des maisons et y causer des dégâts. Le fer à cheval en U inversé, moins explicite, servait de substitut plus acceptable.

La connotation spécifiquement sexuelle est corroborée par le fait que, au XVIIIe siècle en Angleterre, le mot *horseshoe,* « fer à cheval » en anglais, désignait en argot le sexe de la femme. Selon une vieille expression allemande, une jeune fille qui a été séduite a « perdu un fer à cheval » *(Sie hat ein Hufeisen verloren).*

Vision plus innocente, certains voient dans le symbolisme du fer à cheval un signe de sainteté, la forme incurvée représentant une auréole. Accrochée au-dessus de la porte, cette auréole accorde une sainte protection au foyer. Enfin, une dernière théorie veut que sa forme rappelle le croissant de la lune et invoque la protection de la déesse mère.

Quel que soit celui de ces facteurs qui a joué un rôle prédominant pour que ce porte-bonheur parvienne jusqu'à nous, il apparaît clairement que, compte tenu des divers éléments symboliques qui se sont associés pour contribuer à son succès, il était destiné à avoir une vocation durable de talisman. Il est étonnant qu'il continue d'acquérir des millions d'adeptes chaque année, malgré le flou qui entoure les origines de cette croyance.

Quelle est l'origine du horse-brass?

Nous croyons aujourd'hui que ces disques de cuivre jaune ajourés, dont les Anglais aiment à parer le collier, la cocarde, la dossière ou le poitrail de leurs chevaux de trait, ont une fonction purement décorative, un ornement qu'on ajoute au harnachement des lourdes bêtes pour les grandes occasions. Or, ce cabochon de cuivre, dernier vestige d'anciennes croyances païennes, a joué un rôle assez substantiel dans l'histoire du cheval. Car, en réalité, ces pièces circulaires étaient, à l'origine, des amulettes qui devaient protéger le cheval contre les mauvais esprits. On retrouve leurs traces sur des millénaires, depuis pratiquement les débuts de la domestication du cheval.

Dès que le cheval est passé sous l'autorité de l'homme, son propriétaire s'est trouvé pourvu d'un atout de taille sur ses compagnons, adeptes ou rivaux allant à pied, si bien que tout cheval dressé devint un objet de vénération. Pour des esprits superstitieux, cela voulait dire qu'il allait s'attirer automatiquement l'attention des forces obscures, forces qui ne reculeraient devant rien pour nuire et faire disparaître un bien aussi magnifique. Or, elles étaient censées disposer d'une arme redoutable pour vous nuire : le mauvais œil. Ces puissances malfaisantes étaient si rusées qu'il était impossible de dire qui avait le mauvais œil. D'un seul regard, un étranger qui admirait votre superbe coursier pouvait l'anéantir en provoquant un mal mystérieux, une blessure ou la mort. Tout individu souffrant d'un strabisme ou possédant un œil vairon devenait louche, mais il était impossible d'avoir aucune certitude, car souvent celui par lequel les forces obscures frappaient n'était pas averti lui-même de son pouvoir maléfique.

Dans ce monde baigné de croyances surnaturelles, hanté par la peur, les religions païennes avaient recours à des garde-fous de toutes sortes, allant des rites sacrés et solennels aux sacrifices de sang et pénitences les plus abominables. Coutume relativement inoffensive au milieu de ce galimatias, le port d'objets décoratifs et protecteurs, appelés talismans ou amulettes. Ces objets avaient la faculté de repousser le mauvais œil, en l'amenant à se détourner avant qu'il n'ait pu vous nuire, ou de le fasciner au point que son intérêt se trouvât dévié. On pouvait le repousser par des symboles puissants du bien, qui faisaient pièce au mal. Ou on pouvait l'abuser en lui présentant des images obscènes qui séduisaient sa nature profonde. Les pièces de cuivre arborées par les chevaux relevaient de la première stratégie. Ils mettaient en déroute le mauvais œil en représentant l'image de dieux païens puissants : des cornes, le soleil, le croissant de la lune.

Ces images sont précisément au centre du motif qui orne les médaillons, et il est amusant de penser au fidèle chrétien de l'époque victorienne qui, en astiquant dévotement les symboles de l'ancien culte du soleil et de la lune dont il avait gratifié son cheval, rendait un hommage involontaire à l'ancienne divinité cornue. La coutume voulait que le mauvais œil soit au plus fort de sa puissance lorsque la victime potentielle était triomphante – lors de certaines célébrations. Par conséquent, il était d'autant plus important de parer les chevaux de symboles protecteurs à l'occasion des grandes fêtes et des événements fastueux. Or, c'est ce que nous voyons aujourd'hui en Angleterre quand, lors d'un défilé, d'une parade ou d'une kermesse, de robustes chevaux arborent ces cabochons de cuivre étincelants accrochés à leur lourd harnachement. Personne ne se doute probablement de ce que cela représente, pas même le propriétaire du cheval. Cet événement, dont la seule raison d'être, en apparence, est de plaire, offre, au fond, un spectacle païen.

En considérant chaque motif, il apparaît clairement que le disque solaire simple est la forme primaire, présente, aujourd'hui encore, en bonne place sur le front de l'animal. Ainsi porté, les Anglais l'appellent *sunflash,* car chacun de ses mouvements au soleil fait naître une étincelle d'or. Cette caractéristique étant d'une grande importance, on l'astiquait jadis avec ardeur : on croyait qu'en rutilant au soleil, le cuivre éblouirait le mauvais œil et, de cette manière, le repousserait mieux encore. Un harnachement sans éclat était censé avoir beaucoup moins d'effet.

Outre le disque solaire simple, il y avait également une pièce rayonnante en forme de soleil. Parmi les autres symboles anciens figurent la svastika (représentation du soleil traversant le ciel), la lune, l'étoile, la roue, le cœur (emprunté à l'ancienne Égypte), mains, cornes, glands, oiseaux, bêtes et fleurs sacrés, en particulier le lotus (aussi un motif égyptien). Ces images sont les plus traditionnelles, mais à l'époque victorienne, un brusque regain renouvela le choix des motifs, de sorte qu'avant longtemps, ils furent véritablement des centaines, les dessins des nouveaux n'ayant plus beaucoup de rapports avec les racines païennes. Désormais, n'importe quel engouement pouvait trouver sa place dans la panoplie et les premières traditions tombèrent peu à peu en désuétude. On estime que sont représentés quelque sept cents figures et un millier de motifs abstraits. Certaines sources donnent le chiffre de trois mille, ce qui ne saurait laisser indifférents les collectionneurs de tout poil. A partir de 1820, le cuivre martelé cède la place aux modèles moulés. Récemment on est passé à la production de masse, non pour des chevaux, mais pour des fanatiques qui achètent ces pièces décoratives sans avoir jamais l'intention de les voir porter. Ironie du sort, les amulettes qui devaient protéger le cheval de trait lui ont survécu. En tout état de cause, force est de constater qu'elles ne valaient rien contre le mauvais œil du XXe siècle que sont les phares de l'automobile...

Pourquoi ne mange-t-on pas de viande de cheval dans certains pays?

La chair du cheval est hautement nutritive, et d'après les amateurs, elle a très bon goût. Alors pourquoi fait-elle l'objet d'un tabou dans plusieurs pays, l'Angleterre comprise? Certains s'imaginent que c'est là une particularité récente des nations amies des chevaux, où les gens supportent de moins en moins l'idée de manger leurs compagnons à quatre pieds. En fait, cet interdit remonte beaucoup plus loin. Il y a plus d'un millénaire, par exemple, le sujet fut pris suffisamment au sérieux par le pape pour qu'il promulgue un décret interdisant toute consommation de viande de cheval.

Pour comprendre comment on en est venu là, il faut retourner aux débuts des relations entre l'homme et le cheval. Nous savons, grâce aux ossements retrouvés dans des grottes de la période glaciaire, que nos lointains ancêtres chassaient et mangeaient les chevaux en grande quantité. La méthode la plus fréquente consistait à semer la panique dans une bande de chevaux sauvages et à faire en sorte qu'ils se précipitent dans le vide, du haut d'une falaise. Cette technique rudimentaire se raffina à mesure que la chasse du Vieil Age de pierre cédait le pas devant la naissance de l'agriculture du Nouvel Age de pierre. Des bandes de chevaux sauvages étaient rassemblées et placées sous surveillance humaine. Avec les progrès de la domestication, le cheval trouva des emplois nouveaux. Bien qu'il fût toujours utilisé principalement comme denrée alimentaire, il procurait aussi un cuir résistant pour l'habillement et pour recouvrir des abris, le lait de la jument pouvait se boire. Quant aux os et aux sabots, ils pouvaient servir à la fabrication des outils ou comme éléments de décoration.

Pourtant, ces possibilités d'exploitation n'ont jamais été portées à leurs extrêmes, comme ce fut le cas pour d'autres animaux domestiques, tels les bovins. Chez les équidés, il n'y a pas l'équivalent du corps pesant du bœuf ou de la mamelle généreuse de la vache. Le cheval primitif était, du reste, assez semblable à celui d'aujourd'hui, pour la bonne raison que, depuis cinq mille ans, le cheval a joué un rôle dominant dans la vie de l'humanité : celui d'une bête de somme, servant de moyen de transport d'abord pour les biens de l'homme, puis pour l'homme lui-même.

Le cheval chargé ou monté a changé la vie de l'humanité d'une manière spectaculaire. Une mobilité jusque-là impensable et une manière implacable de conduire la guerre se révélaient possibles. En somme, le cheval devenait l'animal le plus important que l'homme connaisse. Comment s'étonner alors des innombrables légendes tissées autour de lui, de la vénération, de l'adoration même dont il a été l'objet? Pour les superstitieux, il apparaissait clairement que seul un animal aussi prodigieux que le cheval pouvait convenir aux dieux. Lui seul pouvait transporter les dieux à travers le firmament, expliquant du même coup le fracas effroyable – et, jadis, inexplicable – que faisaient naître dans le ciel éclairs et coups de tonnerre. Le vacarme était provoqué, croyait-on avec ferveur, par le grondement des sabots et le claquement de la cravache célestes.

En raison de ses liens avec des divinités puissantes, le

cheval est devenu un animal sacrificiel tout désigné dans beaucoup d'anciennes religions païennes. Les fidèles prenaient de la force en mangeant sa chair et en buvant son sang. Là réside précisément la clé du tabou dont la viande de cheval fera l'objet ultérieurement. Car lorsque le christianisme a commencé à s'étendre et à gagner du terrain, il mit au point une campagne établissant de nouveaux règlements qui discréditaient les coutumes sacrées des anciennes religions. C'est ainsi que la viande de cheval devint quelque chose de mal et de sale à consommer.

Dans certaines régions, faire passer le cheval d'une position d'être sacré à celle de bête de somme ne s'opéra pas facilement et l'hippophagie continua, en dépit des injonctions de l'Église. C'est pourquoi, en 732, le pape Grégoire III dut faire paraître une encyclique sur la question. Mais les Celtes, avec leur déesse des chevaux, Épona, furent si réticents à reconnaître le nouveau décret qu'au XIIe siècle encore, un roi irlandais fut convié, lors de son intronisation, à se baigner dans du bouillon de cheval. On sacrifia rituellement une jument blanche qu'on dépeça et fit bouillir. Puis le nouveau souverain s'assit dans ce bouillon, mangea les morceaux de chair et but littéralement l'eau de son bain.

L'hippophagie païenne persista durant quelques siècles supplémentaires, pour finir par disparaître presque totalement dans le monde chrétien. D'autres grandes religions étaient également opposées à cette pratique. Bouddha l'interdit explicitement. Mohammed n'en consomma jamais et, bien qu'il ne l'interdît pas, peu de musulmans en mangent aujourd'hui. Il en va de même pour les hindous.

Conséquence de ces restrictions religieuses très répandues, l'hippophagie s'est raréfiée. Cette pratique pernicieuse ne resurgit qu'en période de famine et dans les régions les plus défavorisées. Les champs de bataille de la Première Guerre mondiale, jonchés des carcasses des vaillantes montures tombées sous les obus, étaient trop riches en précieuses protéines pour ne pas intéresser les malheureux qui crevaient de faim. Mais cette œuvre de charognard s'est toujours faite avec mauvaise conscience, un malaise qui dure aujourd'hui encore, une chape de silence recouvrant l'usage qui est réservé aux cadavres des chevaux. S'ils sont destinés à être mangés, ils sont souvent exportés d'abord, afin de cacher ce forfait, ou dans certains pays, ils sont voués à l'anonymat de l'alimentation pour chiens et chats.

Une tentative en faveur de l'hippophagie a échoué lamentablement en Europe, au milieu du siècle dernier. Elle se situe curieusement en pleine période victorienne, alors que les Anglais étaient d'une sensiblerie incroyable pour tout ce qui touchait aux animaux. Elle procédait, au départ, de la préoccupation des autorités pour l'alimentation des classes les plus pauvres. Comme beaucoup de gens souffraient de malnutrition, l'énorme quantité de viande de cheval que l'on gaspillait en temps normal parut brusquement inacceptable et on tenta de rendre attrayante cette source abondante et méprisée de protéines. En 1868, la Société pour la propagation de la viande de cheval comme denrée alimentaire vit le jour en Angleterre. Un dîner assez déconcertant, mais qui fit beaucoup parler de lui, eut lieu à l'auguste Langham Hotel de Londres. Le menu comprenait neuf plats, dont les spécialités suivantes :

Soupe de cheval; filet de sole à la graisse de cheval; terrine de foie de cheval maigre; filet de rôti Pégase; dinde aux marrons d'Inde – en anglais marron d'Inde, *horse-chestnut* – aloyau de cheval farci façon Centaure; culotte de cheval braisée; poulet garni aux talons de cheval; croquettes du gladiateur; langue du cheval de Troie; homard à la graisse de vieille rosse et pieds de cheval en gelée au marasquin. Il y avait également un buffet avec tête de cheval en collier, double aloyau de cheval et garrot bouilli.

Cette campagne semblait d'autant plus sensée et économiquement fondée que des épidémies redoutables avaient décimé le bétail et les prix de la viande de bœuf atteignaient des sommets. Si les chevaux – qu'on utilisait par millions comme moyens de transport – avaient pu être exploités ainsi sur la fin de leurs jours, une nouvelle source d'approvisionnement en protéines alimentaires serait devenue disponible. Encore eût-il fallu pouvoir convertir la population à cette nouvelle – ou, plus exactement, ancienne – denrée! Or, non, rien n'y fit. Quelques régions cédèrent, telles la France et la Belgique, qui ont leurs amateurs de viande « chevaline », mais l'offensive se solda pour la plupart par un échec. Le magazine satirique anglais *Punch* résuma l'affaire par deux définitions lapidaires : l'hippophagie, c'est manger de la viande de cheval; l'hipocrisie, c'est dire que la viande de cheval, c'est bon.

Ne voulant pas s'en prendre à la noblesse du cheval, un professeur de Cambridge se tourna vers une créature plus humble : l'âne. Il fit engraisser et abattre un baudet de neuf ans qu'il fit servir à sa table au Trinity College, mais l'idée resta sans lendemain. Les recteurs d'Oxford, il est vrai, s'en assurèrent en soulignant illico que pour le responsable d'une faculté, dévorer un pauvre vieil âne équivalait à un acte de cannibalisme.

L'Église, peut-être parce qu'elle avait tout oublié sur les déesses celtiques du cheval et sur les origines religieuses du tabou qui frappe la chair de cet animal, resta silencieuse devant les tentatives qui eurent lieu à l'époque victorienne pour rétablir cette denrée au menu. L'échec qui les couronna tenait plutôt à une nouvelle attitude envers la vie animale. Darwin avait démontré que les êtres humains étaient liés aux autres espèces et un sentiment de « solidarité » plus fort s'établit alors. Il se traduisit par la création d'organisations de défense des animaux et une opposition de principe à tout acte de cruauté envers les animaux. Les végétariens constituèrent, pour la première fois, un mouvement organisé. Les gens, d'une manière générale, étaient moins assoiffés de sang à l'égard des animaux. Pour la communion, ils buvaient encore le sang du Christ et mangeaient sa chair, mais c'était une version expurgée des anciennes fêtes païennes, où l'on consommait la chair et le sang des chevaux sacrés. Désormais, le sang n'était plus qu'un mauvais vin et la chair un léger biscuit, l'hostie.

Un nouvel état d'esprit se fit jour. Seuls les animaux dont la présence à la ferme avait pour unique objet de servir de nourriture pouvaient être inscrits au menu. Tout autre animal domestique devint tabou, parce que nous avions désormais un autre type de relations avec lui. Chevaux, chiens et chats étaient nos serviteurs et nos compagnons et, à ce titre, ne pouvaient être mangés. Si un vieux cheval avait passé sa vie à nous servir en nous promenant sur son dos, il méritait une autre récompense à la fin d'une vie laborieuse. Des maisons de retraite semblaient brusquement mieux convenir que l'arrière-cour de l'équarrisseur. Et c'est ce qui se passe aujourd'hui encore en Angleterre, la sensibilité contemporaine de nos voisins d'outre-Manche entretenant l'ancien tabou, même si les raisons ont changé.

Qu'est-ce que le cheval-vapeur?

Pendant des années, la puissance de l'automobile et d'autres machines motorisées a été évaluée en chevaux-vapeur. La plupart des automobilistes se plaisaient à croire, et non sans quelque fondement, qu'une 8 ch était aussi puissante que huit chevaux. Or, tel n'était pas exactement le cas.

C'est un ingénieur écossais, James Watt, qui a eu l'idée d'utiliser la force du cheval comme unité de mesure pour les moteurs, afin de faire mieux comprendre l'efficacité de son nouveau moteur à vapeur. Au XVIIIe siècle, on avait l'habitude de penser en fonction de la puissance de travail des chevaux, de sorte que cette unité de mesure permettait d'appliquer un système d'évaluation traditionnel à une mécanique nouvelle.

Pour évaluer la puissance d'un cheval, Watt se rendit dans les brasseries de Londres où de robustes chevaux de trait peinaient et, par le biais de divers calculs, il obtint un chiffre qui devait représenter une moyenne assez proche de la réalité. Le résultat correspondait à la véritable puissance du cheval, mais pour quelque raison obscure, Watt décida de multiplier ce chiffre par 1,5, et donna ainsi le taux officiel de la force du cheval : 75 kilogrammes-mètres par seconde (autrement dit la force qu'il faut pour transporter 75 kilos sur un mètre en une seconde). Il fit cela, dit-il, « afin d'évaluer avec modération ses engins à vapeur par rapport à la force du cheval ». En d'autres termes, pour avoir 10 ch, un moteur devait posséder la force de quinze chevaux de trait en chair et en muscles. Cette attitude inattendue, d'une modestie remarquable, devait permettre à ses machines de surprendre par leur puissance, et non de décevoir celui qui chercherait à les comparer avec un attelage de chevaux.

Dès le début, son système de calcul fut l'objet de multiples critiques. « Une unité nouvelle, qui bafoue scandaleusement la science... et dont l'usage s'impose insensiblement. » Malgré cette levée de boucliers, le cheval-vapeur fit son chemin et demeura populaire des années durant, car les gens pouvaient facilement comparer la puissance de leur automobile et celle d'un attelage de chevaux. Grâce à lui, en outre, les premières automobiles donnèrent une impression de puissance massive, qui compensa leurs multiples défauts et faiblesses.

Pourquoi appelle-t-on « jockey » un cavalier professionnel?

Dans les siècles passés, le prénom Jack servait, en Angleterre, à apostropher tout individu non identifié appartenant au « petit peuple ». En Écosse, les paysans étaient affublés du même surnom, avec une légère différence de prononciation : Jock. Quant aux garçons qui travaillaient comme valets d'écurie, ils avaient droit à un « diminutif » : Jockie. Au début du XVIIe siècle, ce nom était réservé aux jeunes maquignons. Ces petits vendeurs de bestiaux constituèrent le vivier d'origine, où l'on vint pêcher les premiers cavaliers professionnels pour la course. C'est ainsi que, dès la fin du XVIIe, le mot « jockey » désignait un cavalier professionnel, comme de nos jours. Autrement dit, à l'origine, un jockey est un jeune paysan écossais.

Cette source est généralement admise, mais une voix refuse de faire chorus. « Le mot " jockey ", affirme un spécialiste de l'ère victorienne, est ni plus ni moins que le terme *chukni* légèrement modifié, terme dont les gitans se servent pour désigner l'impressionnant fouet dont ils ne se séparent jamais et dont l'usage s'est à présent généralisé parmi les trafiquants de chevaux, qui l'appellent " cravache de jockey ". » D'autres chercheurs ne voient là qu'une « lubie » et repoussent totalement cette idée, mais il se peut que cet élément ait joué un rôle secondaire dans la fixation du mot.

Car ce mot s'est trouvé si bien fixé qu'il s'est imposé

à d'autres langues, tels le français, l'espagnol, le portugais et l'allemand.

Signalons au passage que le couvre-chef du jockey, la bombe, est inspiré de la coiffe des conducteurs de chars romains. Ils portaient un modèle identique en bronze pour se protéger le crâne en cas d'accident, équipé d'une visière qui mettait les yeux à l'abri d'un soleil souvent aveuglant. C'est sur le même modèle que la casquette des écoliers anglais a été conçue.

Table des matières

CET OUVRAGE
A ÉTÉ COMPOSÉ
ET ACHEVÉ D'IMPRIMER SUR ROTO-PAGE
PAR L'IMPRIMERIE FLOCH À MAYENNE
EN FÉVRIER 1989

(27565)

POUR LE COMPTE DES
ÉDITIONS CALMANN-LÉVY, 3, RUE AUBER
PARIS-9e–No 11473/01
DÉPÔT LÉGAL : MARS 1989